原 研哉
Kenya Hara

日本のデザイン

――美意識がつくる未来

Eurus
Notus
Zephyrus

岩波新書
1333

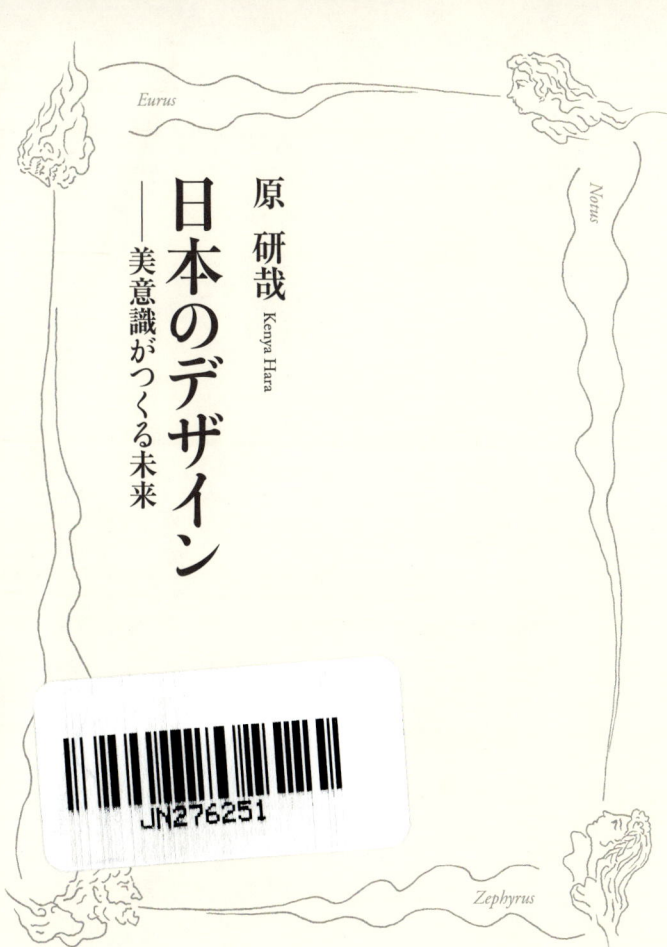

まえがき

日本は今、歴史的な転換点にある。戦後六十数年、工業生産に邁進し経済成長を謳歌してきた。そして今日、アジア経済の活性化によって、工業国としての単純な経済モデルが終焉を迎え、新たな立国の方針を必要としているのである。一方では、少子高齢化が進み、社会の仕組みやマーケティングのバランスも未知なる局面を迎えようとしている。またエネルギーの生産と消費のかたちも急速な変化を見せはじめている。さらには農業のかたちも、観光のかたちも、新しい考え方が模索されはじめているのである。

おそらくは日本の人々の誰もが、この大きな転換点を感じているはずである。そこには、明治維新以来、西洋化に経済文化の舵を切ってこの方、抑圧され続けてきたひとつの問いが、うっすらと、しかしながらしっかりと浮上しつつある。千数百年という時間の中で醸成されてきた日本の感受性を、このまま希薄化させるのではなく、むしろ未来において取り戻していくことが、この国の可能性と誇りを保持していく上で有効ではないかと。

かつて僕は、デザインとは「欲望のエデュケーション」である、と書いた。製品や環境は、人々の欲望という「土壌」からの「収穫物」である。よい製品や環境を生み出すにはよく肥えた土壌、すなわち高い欲望の水準を実現しなくてはならない。デザインとは、そのような欲望の根底に影響をあたえるものである。そういう考えが「欲望のエデュケーション」という言葉の背景にはあった。よく考えられたデザインに触れることによって覚醒がおこり、欲望に変化が生まれ、結果として消費のかたちや資源利用のかたち、さらには暮らしのかたちが変わっていく。そして豊饒で生きのいい欲望の土壌には、良質な「実」すなわち製品や環境が結実していくのである。

「欲望」という言葉が生々しいなら「希望」という言葉に換えてもいいが、ほとばしるような希求の力を表すには「欲望」の方が相応しいかもしれない。また、エデュケーションという言葉をあえて選んだのは、この言葉に、教育するという視点に加えて、潜在するものを開花させるというニュアンスが含まれているからだ。

いずれにしても、欲望を勝手気ままに振る舞わせてはいけない。マーケティングの用語で「ニーズ」という言葉があるが、ニーズはとかく「ルーズ」になりがちである。欲望はルーズなニーズとして育てられてはならない。そこにけじめや始末を付けるのが文化であり美意識である。デザインはそこで働かなくてはいけない。

本書は日本の未来について語るものであり、過去を振り返るものではない。こうなりたいと意図することがデザインであり、その姿を仮想・構想することがデザインの役割である。潜在する可能性を可視化し、具体的な未来の道筋を照らし出していくこと、あるいは多くの人々と共有できるヴィジョンを明快に描き出すことこそ、デザインの本質なのである。本書のタイトル「日本のデザイン」はそのような文脈において理解いただきたい。

東日本大震災という大きな衝撃によって、この転換点はまさに大きな句読点となりつつある。ものづくりの行方、暮らしの行方、観光やホスピタリティ産業の行方、そして少子高齢化を迎える社会の行方について、本書では自分の経験を基軸にできるだけ実践的に書いたつもりである。その多くのフィールドを、今後の自分自身のデザインのフィールドと見立てつつ。

かつて拙著『デザインのデザイン』の前書きで、デザインについて語ることとは、もうひとつのデザインである、と書いた。その認識に変わりはないが、未来を仮想・構想する営みへと本書では踏み出してみたい。

目次

序――美意識は資源である

東京の国際空港に降り立ち、素っ気ない空間を入国審査所に向かって歩きはじめる時、きまって感じることがある。空間は面白みがなく無機質だが、なんと素晴らしく掃除の行き届いた場所だろうかと。床のタイルはどこもピカピカで、床の上で転げ回ってもさして服は汚れないのではないかと思うほど。カーペットを敷きつめた床も清潔だ。仮にシミがあっても、それを除去しようと最善の努力をはらった痕跡がある。おそらく掃除をする人は、仕事の終了時間が来ても、モップや掃除機をさっさと片付けたりしないで、切りのいいところまで仕事をやりおおせて帰るに違いない。この丁寧さが、他国から帰ってくると切実に感じられる。空港を出てクルマで高速道路を走りはじめてもこの感覚は持続する。田園風景を切り裂いて進む景観に高揚感はないが、路面は鏡のように滑らかで、クルマのエンジン音もきわめて静かだ。道路に沿って点灯する街路灯も、どれひとつとして消えていたりはしない。

その感慨はやがて都心部の夜景に吸い込まれていく。東京に近づくにつれ、夜景の緻密さに感覚が引き締まってくるようだ。ひとつひとつのどの灯りも、しっかりと確かに点灯しており、切れたり明滅したりはしていない。確実に揺るぎなく灯っている。そんな灯りが集合して高層ビルとなり、果てしない奥行きの中に連なって夥しい光の堆積をなす。

今の東京の夜景は、世界で一番美しいかもしれない。そういう感想を漏らすと、異論を唱える人は少なからずいる。夜景はやっぱりムンバイですよとか、香港のヴィクトリアピークから見下ろす夜景にはかなわないなどと、うるさ方の意見は百出するけれども、同意してくれる人は案外と少ない。やはり、思い過ごしかもしれないと思いはじめていた矢先、都市をテーマとしたテレビのドキュメンタリー番組で、世界の空を飛び回るパイロットたちの言葉が紹介されていた。

「いま、上空から眺めて一番きれいな夜景は東京」

世界の夜景を機上から眺め続けている人々の意見だけに説得力がある。まさに我が意を得た思いがした。世界広しといえども、東京ほど広大な広がりを持つ都市はないし、信頼感あるひとつひとつの灯りがそういう規模で結集しているわけである。このあたりに僕はひとつの確信を持つ。

掃除をする人も、工事をする人も、料理をする人も、灯りを管理する人も、すべて丁寧に篤実に仕事をしている。あえて言葉にするなら「繊細」「丁寧」「緻密」「簡潔」。そんな価値観が根底にある。日本とはそういう国である。

これは海外では簡単に手に入らない価値観である。パリでも、ミラノでも、ロンドンでも、たとえば展覧会の会場ひとつ日本並みの完成度で作ろうとするなら、その骨折りは並大抵ではない。基本的に何かをよりよく丁寧にやろうという意識が希薄である。労働者は時間がくれば作業をやめる。効率や品質を向上させようという意欲よりもマイペースを貫く個の尊厳が仕事に優先するとでも言うか。それを前提に、管理する側がほどよく制御して仕事を進めていく。確かに、ヨーロッパには職人気質というものが存在するが、日常の掃除や、展示会場の設営などは、職人気質の及ぶ範囲ではないのかもしれない。さらに言えば、こうした普通の環境を丁寧にしつらえる意識は作業をしている当人たちの問題のみならず、その環境を共有する一般の人々の意識のレベルにも繋がっているような気がする。特別な職人の領域だけに高邁な意識を持ち込むのではなく、ありふれた日常空間の始末をきちんとすることや、それをひとつの常識として社会全体で暗黙裡に共有すること。美意識とはそのような文化のありようではないか。

ものづくりに必要な資源とはまさにこの「美意識」ではないかと僕は最近思いはじめている。これは決して比喩やたとえではない。ものの作り手にも、生み出されたものを喜ぶ受け手にも共有される感受性があってこそ、ものはその文化の中で育まれ成長する。まさに美意識こそものづくりを継続していくための不断の資源である。しかし一般的にはそう思われていない。資源といえば、まずは物質的な天然資源のことを指す。

日本は天然資源に恵まれないので、工業製品を生み出すために高度な「技術」を磨いてきたと言われる。戦後の高度経済成長は、そのような構図でものづくりを進めてきた成果である。世界はそう認識しているし、日本人もそう思ってきた。戦後の日本が得意とした工業生産は「規格大量生産」、つまり均一にたくさん製品を作ることをきわめて安定した水準で達成することであった。また、製品を小型化する凝縮力のようなものがそこに働いて、日本の工業製品の優位をより鮮明に示すことに成功した。日本の生産技術は、量を前提とした品質と、緻密さや凝縮性を工業製品として体現した結果、世界からの高い信用を獲得したのだ。

しかしながら、ここで言う「技術」とは、言い換えれば繊細、丁寧、緻密、簡潔にものづくりを遂行することであり、それは感覚資源が適切に作用した結果、獲得できた技の洗練ではないか。つまり、今日において空港の床が清潔に磨きあげられていたり、都市の夜景をなす灯りのひとつひとつが確実に光を放つことの背景にある同じ感受性が、規格大量生産においても働いていたのではないかと考えられる。高度な生産技術やハイテクノロジーを走らせる技術の、まさに先端を作る資源が美意識であるという根拠はここにある。

日本は石油や鉄鉱石のような天然資源に乏しい。これは事実で、この事実が歴史の重要な局面でこの国の方針に大きく影響し、第二次大戦に日本が歩みを進めてしまった要因のひとつもここにある。しかし、今日においては、天然資源の確保に汲々としてきたことがむしろプラスに転じはじめている。もしも日本に石油が豊富に湧き出ていたら、おそらくは環境や省エネルギーに対する意識は今日ほどには高まってはいなかったはずだ。周囲を海に囲まれ、その大半が山であるという恵まれた自然も、湧き出る石油や排ガスによって後戻りできないほどにぼろぼろに汚染されていたかもしれないし、地球温暖化をもたらす温室効果ガスの排出量規制について、京都で国際会議を主宰する主体性も持ち得ていなかっただろう。むしろ、日本の石油消費や二酸化炭素の排出を抑制すべく、中国やアメリカが必死で説得するような事態を迎えていたかもしれない。マネーという富はもっと巨大にこの国に蓄えられ、医療も、教育も、通信も、全て無料で国が提供するような裕福な国になっていたかもしれないが、その豊かさは、やがて訪れる次の時代に対応できず、悲惨な衰退を運命づけられていたかもしれない。

幸いなことに、日本には天然資源がない。そしてこの国を繁栄させてきた資源は別のところにある。それは繊細、丁寧、緻密、簡潔にものや環境をしつらえる知恵であり感性である。天然資源は今日、その流動性が保障されている世界においては買うことができる。オーストラリアのアルミニウムも、ロシアの石油も、お金を払えば買えるのだ。しかし文化の根底で育まれてきた感覚資源はお金で買うことはできない。求められても輸出できない価値なのである。

冷静に見ると、日本の工業製品は、つつましさやエネルギー消費の視点、そして使用者の成熟にともなう製品の洗練という点で、すでに優位性を発揮しはじめている。世界同時不況のせいですこし見えにくくなってはいるが、日本の自動車メーカーがひととき世界一の販売台数を記録したのもその一端である。生活者の意識も、省エネルギーや環境に対する負荷の軽さを前向きに受けとめるようになり、暮らしの、目に見えない中心に、過剰を避け、節度をわきまえていく志向や理性をひそやかに宿らせているのである。

今日、僕たちは、自らの文化が世界に貢献できる点を、感覚資源からあらためて見つめ直してみてはどうだろうか。そうすることで、これから世界が必要とするはずの、つつましさや合理性をバランスよく表現できる国としての自意識をたずさえて、未来に向かうことができる。

生産技術は現在、アジア全域、そして世界全域に等しく広がっていく時代を迎えている。自国におけるものづくりの空洞化を憂いている暇はない。ものの生産においては、量よりも質へと、はっきりと重心をシフトしていくことを考えなくてはならない。さらには、工業生産と同時に、恵まれた自然環境にも目を向け、サービスやホスピタリティの局面にも資源としての美意識を振り向けていくことが重要である。そうすることで、自然をハイテクノロジーと感性の両面から運用できる、新しいタイプの環境立国として日本はその存在を示していくことができると思うのだ。石油は産しないが、温泉はいたるところに湧き出ている。住まいやオフィスの環境も、モビリティや通信文化の洗練も、医療や福祉の細やかさも、ホテルやリゾートの快適さも、美意識を資源とすることで、僕らは経済文化の新しいステージに立つことができるはずだ。

中国、そしてインドの台頭はもはや前提として受け入れよう。アジアの時代なのだ。僕らは高度成長の頃より、いつしかGDPを誇りに思うようになっていたが、そろそろ、その呪縛から逃れる時が来たようだ。GDPは人口の多い国に譲り渡し、日本は現代生活においで、さらにそのずっと先を見つめたい。アジアの東の端というクールな位置から、異文化との濃密な接触や軋轢を経た後にのみ到達できる極まった洗練をめざさなくてはならない。

技術も生活も芸術も、その成長点の先端には、微細に打ち震えながら世界や未来を繊細に感知していく感受性が機能している。そこに目をこらすのだ。世界は美意識で競い合ってこそ豊かになる。

1

移動——デザインのプラットフォーム

飽和した世界に向けて

日本は多くの工業製品を世界に輸出する工業国であるが、その生産物がいかなる文化を育むかという視点でものを考え、表現することが少ない。文化は美術・芸術のみに根ざすものではなく、生み出される製品からどんな暮らしや営みが芽生え、またそれがどのような生活環境を育んでいくかを見定めて提示していくことが、世界の未来に影響を持つ。これからの世界は単にマネーの力ではなく、文化をともなった影響力のせめぎ合いになる。ものづくりの総量やGDPの大きさだけでは影響力を持ち得ない。日本は、経済はもとより、人がいかに豊かに暮らしていくかというイマジネーションにおいても相応の存在感を示す意欲と責任を持たなくてはならず、そのためにはまず、自分たちの作り出すものの文化的な意味についての多角的な考察やヴィジョンが不可欠になる。

しかし国や企業がゆっくりとそこに気付いて、じわじわと重い腰を上げるのを待っていては時宜を逸してしまう。考えられることはまず行動に移していこうというわけで、建築家の坂茂と僕は、日本の産業文化を、デザインという視点から海外に紹介する展覧会プロジェクトを立ち上げるべく「デザイン・プラットフォーム・ジャパン」と称する小さなＮＰＯを組織し、互いの事務所やスタッフも巻き込みつつ、仕事の合間をぬって活動を始めていた。

その結果、「JAPAN CAR　飽和した世界のためのデザイン」と題する展覧会が、二〇〇八年の十一月から〇九年の四月まで、パリとロンドンの科学博物館で開催された。同展は日本の乗用車メーカー七社と、社会インフラとなる巨大テクノロジーを供給する企業や、インタラクション系の技術を担う企業などの参加を得て実現し、坂茂が会場構成を、僕がキュレーションとグラフィックデザインを担当した。

なぜ、こんなに大変なことを無償でやるのかと、あるとき僕は坂茂に尋ねたことがある。坂は「使命感のようなものです」とはっきりとこたえた。その潔癖な言い方に、僕は心動かされるものがあった。確かに、建築やデザインに携わっている以上、その活動を文化として収穫していくプロセスに関与しないと意味がないし、職業的使命に応えていないかもしれない。

坂茂は、紙管を素材として用いることで注目を集めた建築家で、日本よりも世界で知名度が高い。現在は活動の拠点をパリにおいている。紙管は一見弱そうだが、建築資材として十分な強度を持ち、生産しやすい上に解体後は簡単にリサイクルできるという特性を持つ。そこに着目した独創性と、それを活かした数多くの建築的実践に、斯界の評価と興味を集めている。二〇一〇年フランスのメッス市に、第二ポンピドゥーセンターが完成したが、これは坂茂の設計によるものである。

僕と坂茂は年齢が同じで、クルマ展の開催時は五十歳であったが、親しいというほどの間柄ではない。坂茂の仕事に興味を持った僕が、「RE DESIGN 日常の二十一世紀」や「HAPTIC 五感の覚醒」など、デザインをテーマとする展覧会のディレクションを担当した際に、参加クリエイターとして幾度か坂茂を招聘したことをきっかけに、ぽつりぽつりと仕事をするようになった。坂は、紙で建築を建ててしまう大胆さと、獅子奮迅の突破力を備えた剛のクリエイターである。僕はといえば、ものを作るよりもことを作る、つまりイメージや記憶、理解やアイデンティティの種を世の中に産み落としていくのが専門のグラフィックデザイナーであるから、芸風が違うとでも言おうか、相互補完的に仕事ができる。

ことの発端は、二〇〇三年の一月、ファッションデザイナーの三宅一生が、朝日新聞紙上で、日本にデザインミュージアムを作ろう、と呼びかけたことにある。ものづくりに関しては世界をリードしてきた日本に、デザインミュージアムがないというのは恥ずべき問題であり、産業の成果を文化的に咀嚼し、表現していくミュージアムが必要であるという趣旨の提案であった。

坂茂はそれに素早く賛同し、当時カジノを作る話題で盛り上がっていたお台場に、併設してデザインミュージアムを作ってはどうかという構想を練り上げた。それを石原慎太郎都知事に提案するという段取りになって、僕のところに相談に来た。ある雑誌が丸ごと一冊、坂茂のこの提案を特集することになったので、その企画の展開について協力してほしいということであった。

僕は架空の計画ながらも、あたかもデザインミュージアムが実際に出来上がったかのようにそのシンボルマークをデザインし、架空の第一回展を構想し、そのポスターやチケットのデザインを行うとともに、そのポスターが街中に貼られているシーンや、使用済みの入場券が雨に濡れた歩道橋の階段に落ちているといった現実感のある情景、そしてマークの入ったTシャツを着た人々が往来する風景を写真に撮って雑誌に載せた。また、ミュージアムグッズとしてシンボルマークの入ったガムテープを制作し、それを貼ることで、そこら中のショッピングバッグがミュージアム用のバッグとして再利用できるというアイデアを立案し、それを持ってバス停にたたずむ人々の光景などを写真に撮ったりもした。会場への誘導サインは、うずたかく積み上げられたコンテナに、誘導の矢印がシンボルマークとともにくっきりと白抜きで刷り込まれたもので、それら一連のシミュレーション画像を雑誌の記事として眺めると、まるで本当にミュージアムができたかのように見えたはずだ。そこに坂茂による建築プランやミュージアムの運営構想を満載して、デザインミュージアム提案特集号は出来上がった。二〇〇三年の十一月のことである。

結果として、石原都知事はそのプランにはあまり興味を示さず、提案は受け入れられなかった。その時、仮想していた第一回展は「アンビルド建築展」、すなわち「提案だけで終わった建築の展覧会」であったのは、今考えると皮肉である。しかし、僕らはさして落胆もしなかった。建築もデザインも、仕事はおおむねコンペの連続であるから、これくらいではへこたれない。コンペに勝てなくても、全力で考えた思考の成果はアイデアの貯金として蓄積されていく。それがたまればたまるほど、クリエイターとしての潜在力や爆発力は増していくのである。つまり架空のミュージアムは構想に終わったが、リアルなシミ

デザインミュージアム構想　会場への誘導サイン
『DREAM DESIGN　No.11』(マガジンハウス)より

ュレーションを経たことで、それを具体化させたいという気持ちの圧力は一層高まっていったのである。

やがて僕らは、まずは気運から盛り上げようと、トヨタ、日産、ホンダといったクルマメーカーと、ソニー・クリエイティブセンター、パナソニックデザイン社(現デザインカンパニー)、日立製作所などのハイテクメーカーのデザイン部門のリーダーたちに声をかけ、デザインミュージアム設立に向けてのシンポジウムを開催したのである。二〇〇五年、東京の日仏会館で開催されたシンポジウムには、現代美術キュレーターの小池一子や、建築史家の三宅理一、建築家の隈研吾らも加わって、企業のデザイン観や文化ヴィジョンをめぐって、それぞれの専門的視点から意見を交わした。日本におけるデザインミュージアムのあり方についても当然討議されたが、厖大な量にのぼる製品を収集管理することは、空間も設備も労力も莫大になり、あまりに実現性に乏しいという理由で、箱もの施設の可能性はどんどん薄らいでいった。一方で、デザイン情報を多角的に交差させていく「プラットフォーム」が必要ではないかという意見が生まれ、これがむしろ会議の成果となった。確かに、ミュージアムという大きな箱を考えると、建造する予算も、運営コストも厖大に膨らむが、情報を交換・集積し、展覧会を構想していく「企画エンジン」のような機能だけなら、建物やコレクションは不要である。

このようにしてミュージアムならぬ「デザイン・プラットフォーム」という考え方が浮上してきたのである。それから数年、坂茂と僕は、少しずつその構想を具体化させてきた。日本の産業とデザインをテーマとする展覧会を企画・制作し、それを海外に巡回させていく。そういうことができるなら、まずはそこにエネルギーを注ごう、と。

「JAPAN CAR 飽和した世界のためのデザイン」展は、そんな経緯で構想された展覧会の第一弾である。なぜ最初の展覧会が「クルマ」なのかという理由は、一番困難なテーマから始めることが肝要と思われたからだ。クルマ産業が隆盛している日本では、主要な乗用車メーカーだけで八社あり、いずれも産業という森の生態系の頂点に君臨するオオタカのような企業である。これらの会社が、すんなりと我々の意見を受け入れてくれるとは考えがたいが、もし各社が連携してひとつのメッセージを作ることができたならば、それは画期的なメッセージとなり、世界から大きな興味を引き出せるかもしれない。さらに言えば、そういう規模の構想を実現できれば、あとはどんなものでもできる。そんな風に僕らは考えていた。

シンポジウムから展覧会の実現までにはさらに三年半を要した。決してのんびり進めていたわけではないが、坂と僕がミーティングを持てる機会は案外と少なく、また、こんな提案がすんなり実現するほど社会は甘くはないということでもある。経済産業省の自動車課に出向いてせっせと説明し、日本自動車工業会に懸命に働きかけても、世の中はぴくりとも動かない。しかし、かつてシンポジウムに集まってくれたメーカーのデザイン部門のリーダーたちに、幾度となく手紙を書き、企画書を何度も書き直して、説得とミーティングを重ねていくうちに、重い扉がわずかに開いたのである。

展覧会「JAPAN CAR」

道路を行き交うクルマを、ちょっとだけ冷静に眺めてみてほしい。ここしばらく日本のクルマはある傾向を示しはじめている。少し注意してみるとすぐに気付くが、ひと昔前まで主流を占めていた高級志向のセダンや、スポーティなクーペがめっきりと数を減らし、代わりに四角くてコンパクトなクルマが増えた。つまり実用性に焦点を絞って設計されたクルマの割合がぐっと増えたのである。

要するに、日本では、クルマは徐々にではあるが、ステイタスでもスタイルに酔いしれる対象でもなくなりつつある。乗り降りが容易で荷物を楽に運べる日用品として進化の度を深めはじめたのだ。燃料の消費効率のいいハイブリッド車に人気が集まるのも同じ理由である。ナビゲーションシステムも、高速道路のノンストップ料金収受システムＥＴＣも、ひとたび装着するとなくてはならないものになり、無駄のない走行や渋滞の緩和にひと役買っている。若者が今日、クルマをことさら欲しがらなくなったのも、それがファッションや生き方を表現する切実な対象物としての認識が薄れてきているからだろう。クルマはもうあって当たり前の普通の道具になった。したがって、求められるのは機能と効率、そしてそれを過不足なく体現するデザインである。これを寂しいと感じるか、ものに対するふさわしい認識が成熟したと見るかは難しいところだが、大事なことは、そこに他の文化圏にはないオリジナリティが生まれている点である。この点を見逃してはいけない。

前節で触れた展覧会「JAPAN CAR　飽和した世界のためのデザイン」は今日の日本のクルマの独自性と、それが現在の世界の状況に貢献できるポイントを抽出し、焦点を絞り込んで紹介することを意図したもので、二〇〇八年の十一月から〇九年の四月まで、パリとロンドンで開催され、多くの観客を得て好評を博した。同展は、「小ささ」「環境技術」そして「移動する都市細胞」という三つの切り口で編集されている。ここではそのテーマに沿って順を追って話を進めてみたい。

展覧会の準備が本格化し、トヨタ、日産、ホンダのデザイン部門の人々と会して、意見交換をしていた時のことである。今の日本のクルマでユニークなものは何かという話題で、意外な意見の一致をみた。三社の人々が共通して指摘したのが、ダイハツの「タント」という軽乗用車である。このクルマのどこが特徴的かというと、それは軽乗用車の規準、すなわち、長さ・幅・高さの規準をいっぱいに活かした、きわめて率直な四角い形状にある。欧州ルーツのクルマは、基本的に空力抵抗を軽減する方向で設計されており、フロントウインドウをはじめとする四方のウインドウ面が斜めに傾いている。したがっておのずと平たい室内の天井は低く、人は寝そべるような姿勢でこれに乗り込むことになる。遅そうに見えるクルマは、走りへの意欲や敏捷性を放擲した「負け犬」であるというような暗黙の価値観が欧州のクルマ観には根強くあるらしい。しかしタントはさらりと空力特性を捨て、居住性を優先している。前後のドアを開け放つと、通常のクルマには必ず存在する側面の支柱「センターピラー」がない。車体を支える中央の柱がなくても十分な強度を保つボディ構造を作り上げた成果でもあるが、これによってクルマへの乗降がとても楽になる。天井高も二メートルあり、後部ドアが襖のように垂直かつ横にスライドして大きく開くので、背をかがめない姿勢のまま乗り降りができる。さらに床も起伏がなく真っ平である。確かにスピード感や精悍さは減少するが、暮らしの道具としてなら、日常にすんなりとなじんで便利そうである。

世界に小さなクルマはたくさんある。欧州の石畳の街路も日本に劣らず十分に狭いので、クルマは縮み志向のものも少なくない。イタリアあたりでは、学生が乗り回すような免許不要の小さなクルマを無数に目にする。最近では二人乗りのベンツ「スマート」も人気である。しかし、いずれもが、スニーカーのようにすばしこい空力ボディを装着していて、「四角いかたち」には出会わない。

「軽自動車」という規準が日本にはある。長さ三・四メートル、幅一・四八メートル、高さ二メートル、排気量六六〇cc以下。税金が安いし車庫証明も不要という手軽さゆえ、日本では三台に一台以上が軽自動車である。とりわけ日本が狭いわけでも、日本人の体格が小さいわけでもない。一合徳利四本にも満たない排気量に経済性と合理性を追い求めたのだ。その結果、この規準を最大限に活用しようという長年の工夫が実って、単に小さいだけではない、知恵と技術が凝縮した「四角いかたち」が育まれてきたのである。日産の「キューブ」は軽自動車ではないが、四角いかたちをそのまま設計思想にしたクルマである。おそらくはこれから、世界に認知される「JAPAN CAR」のひとつの典型をなす形である。

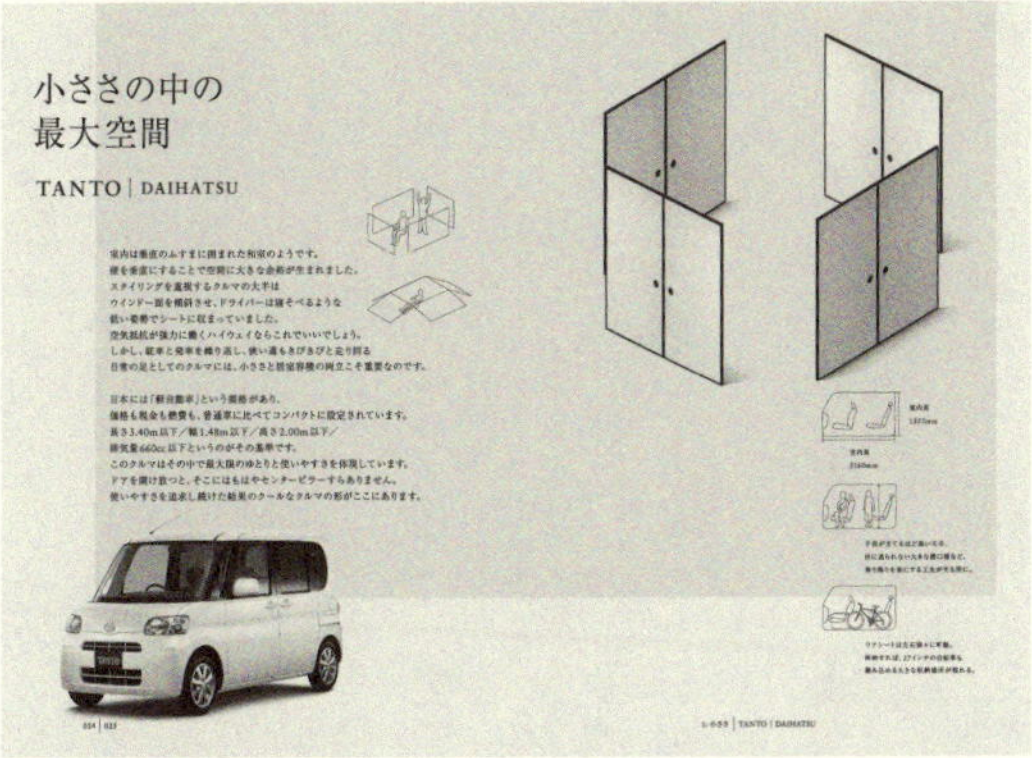
小ささの中の最大空間

TANTO | DAIHATSU

室内は垂直のふすまに囲まれた和室のようです。
壁を垂直にすることで空間に大きな余裕が生まれました。
スタイリングを重視するクルマの大半は
ウインドー面を傾斜させ、ドライバーは寝そべるような
低い姿勢でシートに収まっていました。
空気抵抗が強力に働くハイウェイならこれでいいでしょう。
しかし、駐車と発車を繰り返し、狭い道もきびきびと走り回る
日常の足としてのクルマには、小ささと居室容積の両立こそ重要なのです。

日本には「軽自動車」という規格があり、
価格も税金も燃費も、普通車に比べてコンパクトに設定されています。
長さ3.40m以下／幅1.48m以下／高さ2.00m以下／
排気量660cc以下というのがその基準です。
このクルマはその中で最大限のゆとりと使いやすさを体現しています。
ドアを開け放つと、そこにはもはやセンターピラーすらありません。
使いやすさを追求し続けた結果のクールなクルマの形がここにあります。

スピード感のないスローなクルマ

cube | NISSAN

スピード感のない四角いフォルム。
このクルマの遺伝子は、古代日本の遅い移動手段
「牛車」につながっているかもしれません。
若者へのヒアリングから浮かび上がったコンセプトは「移動する部屋」。
四角い室内は、クルマとは思えないほど広々とした空間を実現しています。

乗用車としては世界初の試みである左右非対称のフォルムは、
運転席からの視界を基準にリアウインドーを設計した結果です。
つまり、このクルマは外側からではなく内側からデザインされているのです。
この「内から外」への発想は、
茶室などに代表される日本人の伝統的な美意識に通じるもの。
特徴的な四角いフォルムは、
走っていても止まっているような不思議な印象を見る人に与えます。
また、角を丸めるモチーフで全体を統一することで、
クルマでありながら、温かみと愛着を感じさせるデザインを実現しています。

上：タント（ダイハツ）　下：キューブ（日産）

トヨタの「iQ《アイキュー》」というクルマは、さらに新たな小ささを体現している。横幅は普通の乗用車と同じで運転席と助手席がゆったりした四人乗りだが、長さは標準的な軽自動車よりもずっと短く三メートルを切る。だから普通の駐車スペースなら二台入る。最小回転半径三・九メートルは二人乗りのベンツ「スマート」よりも小さい。

スズキの「ジムニー」という軽の四輪駆動車も、小ささを力にしている点にオリジナリティがある。悪路走破性に大変すぐれているが、その根拠は、四駆のパワーだけではなく小さくて軽いという点にある。つまり軽量コンパクトに四駆のパワーが掛け合わされた結果の悪路走破性である。プロダクトデザイナーの深澤直人が「かわいいでしょ」と言いながら、これに乗っていたことを記憶しているが、確かにカワイイ。そしてしたたかに高性能である。

マツダの「ロードスター」は、世界で最も販売台数の多いツーシーターのスポーツ車としてギネスブックに載っている。こちらは四角くはないが、能面の小面を意識した無表情が、世界各地からの熱烈な人気を淡々とクールに受けとめている。

クルマメーカーのいずれからも積極的には見せたくないと提供を断られ、唯一自分たち自身で購入して展覧会に持っていったクルマがある。それは「軽トラ」である。あぜ道や

上：iQ（トヨタ）　下：ジムニー（スズキ）

細い路地を走り抜け、葡萄棚の下をくぐり、民家の軒先まで荷物を運ぶこの小さなトラックは、練り上げられた暮らしのサンダルである。荷台は、リンゴ箱もミカン箱も、畳もビールケースも合理的に収まるように設計されている。ダンプや保冷車など、荷台のバリエーションも驚くほど豊富だ。まさに日本が誇るべき、運搬の知恵の結晶なのである。過剰であることに倦みはじめた世界が、これから求めはじめるに違いない賢い「小ささ」がここにある。

電気自動車も、ハイブリッド車も、水素ガスを基本とする燃料電池車も、「JAPAN CAR」という括りで見ると、すでに量産車のレベルで完成している。これが明確に示せたことも、同展の収穫のひとつである。

三菱の「i《アイ》-MiEV《ミーブ》」という電気自動車は、家庭用電源にひと晩、プラグを差して充電するだけで一六〇キロ走る。これは東京から名古屋までノンストップで走るには少し足りないが、日常の街での買い物や移動には何ら支障はない。

トヨタのハイブリッド車「プリウス」はすでに世界で二〇〇万台以上を売っているが、今、日本で一番売れているクルマでもある。ミラノでタクシーに乗ると相当の頻度でプリウスに当たるので、その信用はすでに世界にも広まっているようだ。

上：ロードスター（マツダ）　下：軽トラの代表 HIJET（ダイハツ）

ホンダの「ＦＣＸクラリティ」は、水素ガスを充填して走る燃料電池車である。水素ガスなどというと日常から疎遠な技術のように思われがちであるが、ホンダは二〇〇一年から南カリフォルニアの地で、太陽光発電を用いて水を電気分解し、水素を製造する水素供給ステーションの開発を試験的に進めてきた。二〇〇八年より、その地域を中心にリース販売が開始され、ＦＣＸクラリティは量産態勢に入った。

二〇五〇年までに一九九〇年比で二酸化炭素排出量を二分の一に、という目標に直結する産業は、クルマである。「JAPAN CAR」はそこに貢献できる技術をすでに完成させている。

賢い小ささを体現し、エコロジーを実践するクルマ一四台が選ばれ、各社の協力によってそれらは欧州に運ばれ、サイエンス・ミュージアムへと集められた。展示に際して工夫した点がひとつある。それはクルマのボディカラーを白に統一したことである。モーターショーのように、個性を際立たせ、エモーショナルな欲望を喚起することが目的ではない。むしろ冷静に個々のクルマとそれが生み出された思想の背景に向き合ってもらいたい。いくつかの色が検討されたが結果として白に落ちついた。日本車に多い外板色であり、また白にすることで色を捨象するという意味が際立つからである。

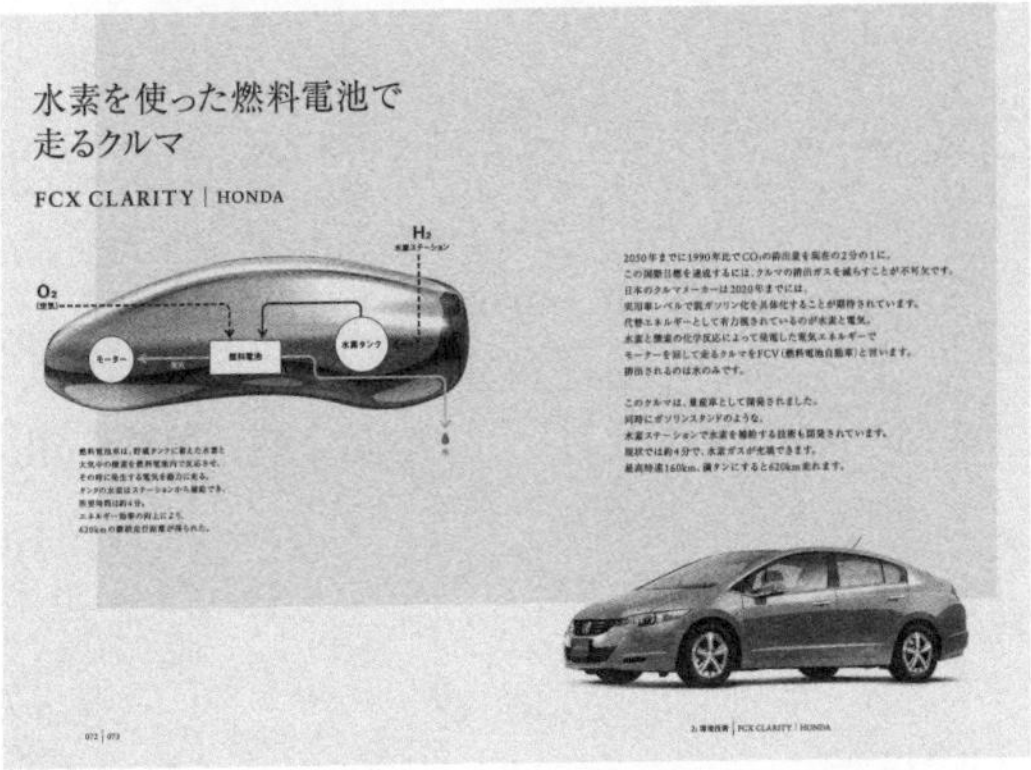

上：i-MiEV(三菱自動車)　下：FCXクラリティ(ホンダ)

展覧会の導入部には、展示車両を小さくデフォルメした模型の数々と、それと対をなす盆栽群を配した。盆栽は、自然を人為との交感を通して味わう繊細な感受性と、緻密で凝縮感のあるテクノロジーの象徴である。斯界の第一人者、森前誠二氏の選定によってきわめて品質の高い盆栽群が配された。クルマの模型は盆栽とともに天然の石「水石」に見立てられて景色をなす。来場者は皆、この導入部の光景に目を見張った。意表を突く角度からものづくりの思想への興味を呼び起こし、白いクルマたちへと興味のバトンを渡していく。「飽和した世界のためのデザイン」展はこうして始まったのである。

「JAPAN CAR」展　導入部会場風景とクルマの模型
サイエンス・ミュージアム(ロンドン)

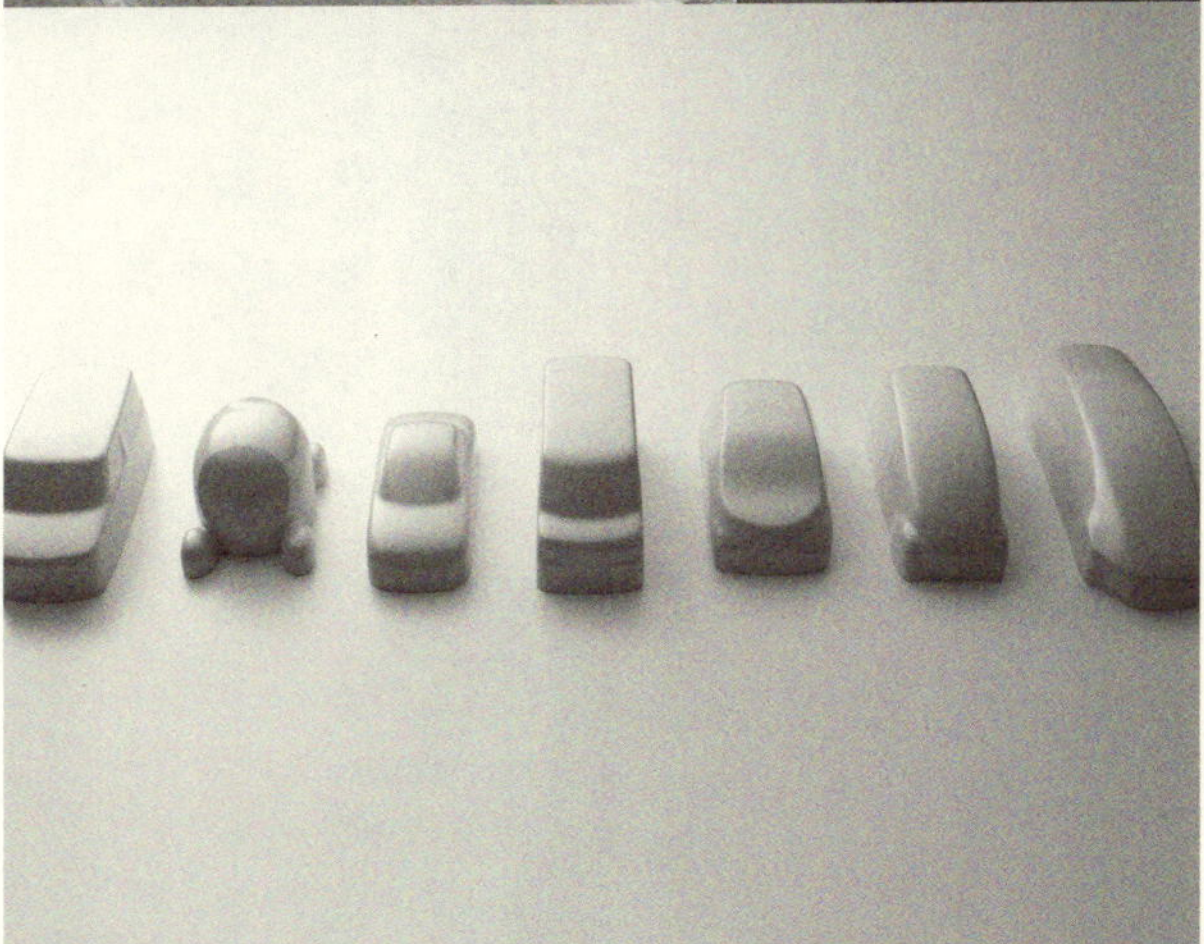

移動への欲望と未来

人は未来に何を求めるのだろうか。たとえば移動の未来を考えるとき、技術の進歩や素材の革新だけからこれを想像するのはナンセンスだ。技術のみが環境を変えるのではない。技術の進展は確かに大きな要因であるが、そこにはこうありたい、こんな風に移動したいという人間の欲望が、大きなドライブをかけている。

たとえば、エンジンの発明は、ガソリンの爆発的燃焼を、推進力を生み出す力に変えていくという革新的な技術の飛躍が生み出したものだが、スピードという新しい力への憧憬が根底にないと、その欲望をかたちにするものは生まれない。爆発力によって生まれる荒ぶるエンジンパワーを、野生の馬を乗りこなすように制御して、未知のスピードを我がものとすることで、人間はこれまで到底乗り越えられなかった距離をひとまたぎにできるようになった。自由に速く移動する快楽。それが交通事故という新たな死の危険を生み出すとしても、あるいはクルマという異物が疾走する環境が、歩行する人や自然を少なからず蹂躙するにしても、それら幾多の負の要因を甘んじて許容するほどに、人間の移動へのあこがれは強かった。

クルマは移動とスピードへの欲望という土壌に育った果実である。コンクリートでできた大蛇のように荒々しくうねる東京の首都高速道路には、そこに住まう人々の欲望が反映されている。これを江戸の粋人たちが見たならば、その技術に驚くと同時に、早く移動するという欲望が、美しい街を作るという欲望を凌駕している事実に呆れ、無粋さと羞恥をそこに感じるかもしれない。欧州に生まれたミシュランガイドに代表されるような、クルマによってもたらされる新たな享楽をしたたかに収穫していくためのソフトウエアを持つ余裕もなく、第二次大戦後の復興と、先進国の一隅に居続けたいという焦りが日本にはあった。都市における迅速な移動システムをいち早く手にしたいというのは国家の欲望でもあったのかもしれない。その欲望のかたちがオリンピックを開催した一九六四年前後の東京という都市に刻印されてしまった。河川の上、住宅の上をまたいで敷設された首都高速道路はそうして生み出された。

しかし今日、日本のクルマが変わりはじめているということは、移動への欲望のかたちが変わりはじめているということである。二酸化炭素排出量の削減が世界の共通課題となっている今日、石油から電気へ、エンジンからモーターへと、クルマ技術の根幹が移行しつつある。変容しつつあるのはもはやクルマ単体ではない。移動や通信を含んだ巨大な都市システム全体である。その巨大なシステムが変化の兆しを見せはじめている。技術の進化に、移動への欲望の変化が加味されることで、都市や道路、通信やコミュニケーションを含めた環境の本質が変わろうとしているのである。

パリとロンドンで開催した展覧会「JAPAN CAR　飽和した世界のためのデザイン」は、現代の日本車の特徴や環境技術を紹介するだけではなく、クルマの未来を展望する試みでもあった。

飽和した世界が今後求めはじめる「賢い小ささ」や、脱化石燃料を具体化していくクリーンエネルギーへの積極的な移行が、日本のクルマの特徴であり、その背景に、ステイタスや自己表現のメディアを超越した、クールな日用品としてのクルマ観の成熟があることはすでに述べた。さらに重要なことは、クルマがもはやドライバーだけのものではなくなりつつあるという事実である。

人工衛星を利用したGPSという技術によって、クルマの位置が正確に割り出されることは周知の通りである。しかし個々のクルマがどこにあるかという情報は個人情報として守られなくてはならず、全てのクルマの位置が把捉されていたとしても、そのデータを運用することは簡単ではない。ただ、この技術をマクロな視点で見ると、渋滞の緩和、すなわち都市という身体から鬱血をなくし、血流をスムーズにする技術の基礎となるなど、前向きに考えられていいポイントも少なくない。この展覧会には、いわゆるクルマメーカーだけでなく、都市のインフラをつくる巨大テクノロジーを供給できるような会社や、人と機械のインタラクションを進化させていく技術を担う会社が参加してくれていた。

たとえば、日立は、あるタクシー会社三〇〇〇台の一日の運行状況を、GPS技術を用いて三〇秒ごとに記録したデータから、まさに都市の血流を視覚化したような映像を作り出した。一台一台のタクシーが光る点となり、皇居の空洞を中心に首都圏を放射状に循環する映像は、まさに心臓を中心とした血流のイメージそのものである。

デンソーは、人とクルマのインタラクションを進化させていくという視点から、ドライバーとクルマの新しい対話のかたちや、人間の目を遥かに超える精密さでクルマの周辺情報を察知するセンサーの能力を示す展示を行った。

クルマ相互の衝突防止に関する技術も着実な研究が進んでおり、さして遠くない未来において、クルマ同士は衝突しなくなると予測されている。日本に第二東名高速道路ができるとすると、その頃にはハンドルを手放して運行する方が、ハンドルを握るよりも安全であるような技術が登場しているはずだ。

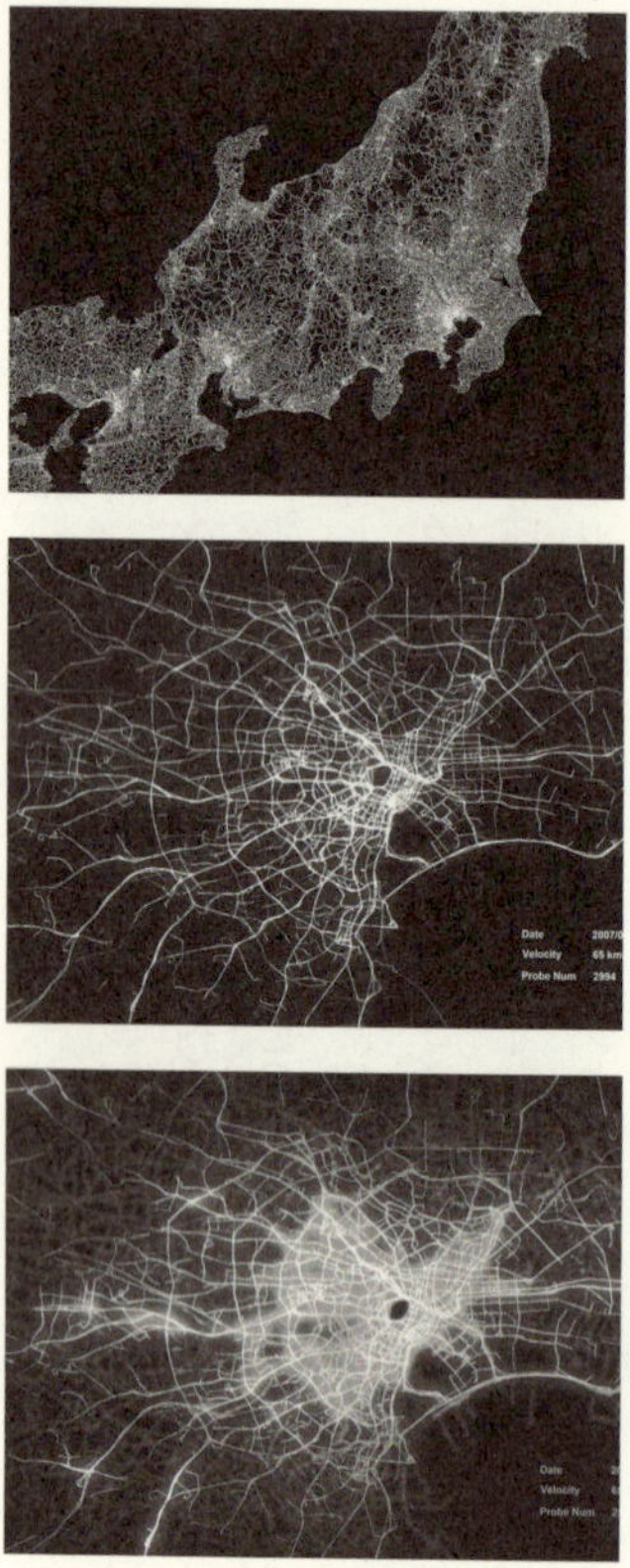

GPSを装着したクルマは道路の混雑状況を把握するセンサーとしても利用されはじめている。

クルマ単体ではなく、道路や通信システムを含んだ大きな環境が変化していく兆しがそこには読み取れる。クルマの技術も、巨大な都市インフラを制御する技術も、さらには移動に対するクールな認識の成熟をも含めて、日本はその変化の先端にいる。以下は、「JAPAN CAR　飽和した世界のためのデザイン」という展覧会に関わる中で、自分なりに得た、移動の未来に対するヴィジョンである。

エンジンからモーターへ、ガソリンから電気へと替わることで、クルマの本質ははっきりと変わっていく。ガソリンエンジンは「荒ぶるマシン」であり、ドライバーが身体技術でこれを制御し飼い慣らすことでスピードを我がものとし、「行く」という能動性を謳歌することができた。一方で、電気で動くクルマは「行く」という主体性よりも「スムーズに移動する」という合理性への希求と表裏の関係を持つ。それはエンジンを制御するという運転の美学を抑制し、あらゆるところにトランスポートしたいという欲求、すなわち「移動」を最短、最少エネルギーで実現したいという冷静な意欲によって運用されるマシンである。居眠りをしている間に到着、という状況すらこのシステムは積極的に受け入れる。要するに、技術のシフトに呼応するように、移動技術は、運転への能動的な欲求を背景とした「ドライブ」系から、移動への冷静な意志に寄り添う「モバイル」系への移行がおこると予想される。

移動のための「モバイル」は、空気のように日常に寄り添う存在であるため、最も必要であるにもかかわらず、人間の強い所有欲やあこがれの対象にはならない。しかし巨大かつ無意識に希求されるものこそ産業の本質であるから、クルマ産業の中心はここに確実に移行していくはずである。移動のメインストリームは、個人のものから都市インフラに近いものへと変わっていくだろう。

一方で、そうした状況をつまらないと感じる、スポーツカー好き、エンジン好きも末長く存在するはずだ。だから、比重は小さくなるものの、ドライブ志向のクルマは、移動への主体性の象徴としてその輝きを失うことはないかもしれない。しかし進歩の速度が緩やかになるため、エンジン車は危険と隣り合わせの趣味性の高い乗り物になる。道路に引かれた白線という約束のみを頼りに、ミスの多い人間に運転の全てを委ねていた時代があったという事実に、やがて人々は戦慄を抱くようになるはずで、そうなると、エンジン車を運転するような命知らずの行為にはなかなか戻れない。したがって、エンジン車でのドライブに誘って、すんなり同乗してくれるとすれば、それは強い信頼の証で、とてもロマンチックな出来事になる。

他方では、レジャービークルなどは、自然志向の高まりとともにさらに進化していくだろう。人為の痕跡もないような極まった自然の中に先端テクノロジーを駆使してぽつりと存在したいという衝動は、理性に自負を持つ人間の根源的な欲望のひとつである。植民地文化の華やかなりし時、西洋人がことさら極まった野性的環境の中で、白いテーブルクロスと、白服の給仕係をともなって、フルコースの食事をしたがった心性も同じ動機に起因するものだ。電気がエネルギーとなるなら、キャンピングカーなどはさらに高性能化していくことが予想される。クルマが移動ツールのみならず、情報ツールとしてのコミュニケーション性、さらには居住性や娯楽性を高めていくため、性能のいいクルマを手にすれば、家を持たず、自然の中で暮らし、仕事までするような人も登場してくるかもしれない。こういう局面では法整備も必要になってくるだろう。

都市部では、全体制御により渋滞が緩和され、排ガスの問題も軽減する。運転免許は特殊なクルマに限定される。常に孤独に魅せられる若者たちは「一人用マシン」に注目しているかもしれない。自転車や一人用ビークルは新しい移動の流行を作るだろう。全ての移動技術は速度を別にすれば「歩行」の自在性に近づくはずだ。

産業全体としては、「乗用車／商用車」のような区分ではなく、「ドライブ／モバイル」「都市／自然」「パブリック／パーソナル」というような要因が、新たな領域区分として意味を持ちそうである。

現在のクルマの延長ではなく、未来の人間の欲望に影響力を持つリアルな移動体の可能性をいつかヴィジュアライズしてみたいと僕は考えている。仮想と構想、そしてその可視化こそデザインの本領だと考えるからだ。勿論、考えるのは僕だけではない。世界中の知恵を集めて「知の運動会」を開けばいいのだ。そんな意欲が静かに湧き上がってくるのであるが。

2

シンプルとエンプティ——美意識の系譜

柳宗理の薬缶

柳宗理のデザインした日用品が静かに注目されている。たとえば薬缶《やかん》。何の変哲もない普通の薬缶である。しかし実に堂々として、薬缶はやっぱりこれに限る、と思わせる説得力に満ちている。

薬缶の用途は単純だ。水道の蛇口から水を注ぎ入れて加熱器にかける。ガスでも電磁調理器でも同じことだ。湯が沸くと、注ぎ口から湯気が立ち上り、それを急須や保温ポットに移す。柳宗理の薬缶は、そんな日常の行為を無理なく自然に行うための道具として、素晴らしくよくできている。把手の握り心地やたっぷりした注ぎ口の造形はいい意味で鈍みがあり、安心感がある。ずんぐりと座りのいい胴や蓋の膨らみには、用の美に徹した設計者の誠意が漲っているようだ。少し前まではイタリア製の、幾何学的にエッジの立ったケトルがなにやら目を奪い、時代の先端を切り裂いて進んでいるかのように感じられたものだ。しかし最近ではむしろそういうものの方が時代がかって見える。

この感覚は決して懐古趣味の流行やリバイバル・ブームではない。消費の欲求に駆られて、目を三角にして「新しさ」を追い求めていた僕らのアタマが、少し平熱にもどって、まともに日常の周囲を見渡すゆとりができたということではないだろうか。柳宗理の薬缶はアンティークでもないし、古き良き時代を象徴するノスタルジーの産物でもない。ごく普通の工業製品として、日常の動作にきれいに寄り添っているということだ。

柳宗理のアトリエを一度だけ訪ねたことがあるが、そこには石膏で作ったプロダクツの模型がたくさん並んでいた。それはコンピュータによる形態シミュレーションなど用いないで、ひたすら原寸で石膏模型を作り、それをひたすら手で撫でさすって何度も修正を加え、用途になじむ形を追求した痕跡そのものであり、その丁寧な姿勢とぶれのない信念に、頭が下がる思いがした。そういうものが再び市場で支持されはじめているというのは、喜ばしい兆候である。

デザインとはスタイリングではない。ものの形を計画的・意識的に作る行為は確かにデザインだが、それだけではない。デザインとは生み出すだけの思想ではなく、ものを介して暮らしや環境の本質を考える生活の思想でもある。したがって、作ると同様に、気付くということのなかにもデザインの本意がある。

僕らの身の周りにあるものはすべてデザインされている。コップも、蛍光灯も、ボールペンも、携帯電話も、床材のユニットも、シャワーヘッドの穴の配列も、インスタントラーメンの麺の縮れ具合も、計画されて作られているという意味ではすべてがデザインされていると言っていい。人間が生きて環境をなす。そこに織り込まれた膨大な知恵の堆積のひとつひとつに覚醒していくプロセスにデザインの醍醐味がある。普段は意識されない環境のなかに、それを意識する糸口が見つかっただけで、世界は新鮮に見えてくる。

人間は、世界を四角くデザインしてきた。有機的な大地を四角く区画し、四角い街路を設けて、そこに四角いビルを無数に建ててきた。四角い自動ドアからビルに入り、四角いエレベーターに乗って昇降する。四角い廊下を直角に曲がって、四角いドアをあけると四角い部屋が現れる。そこには四角い家具、四角い窓が配されている。テーブルもキャビネットもテレビも、それを操作するリモコンも四角い。四角いデスクの上で四角いパソコンの四角いキーを打ち、四角い便箋に文字を出力する。その便箋を入れる封筒も四角く、そこに貼る切手も四角い。そこに押される消印は時に丸いけれども。

なぜ人類は環境を四角くデザインしたのだろうか。見渡してみると、自然のなかには四角はほとんどない。四という数理が自然のなかになくはないはずだが、四角は非常に不安定なので、具体的に発現することが少ないそうだ。ごくまれに、完璧な立方体の鉱物の結晶など見ることがあるが、この造化の妙はむしろ人工的に見える。

おそらくは、直線と直角の発見、そしてその応用が、四角い形をこれほど多様に人間にもたらした原因だと思われる。直線や直角は、二本の手を用いれば、比較的簡単に具体化することができる。たとえばバナナのような大きな葉を二つに折ると、その折れ筋は直線になる。その折れ筋をそろえるようにもう一回折ると、直角が得られるのである。その延長に四角がある。つまり四角とは、人間にとって、手をのばせばそこにある最も身近な最適性能あるいは幾何学原理だったのである。だから最先端のパソコンも携帯も、そのフォルムは古典的なのだ。そういえば、スタンリー・キューブリックの映画《二〇〇一年宇宙の旅》（一九六八年）に出てくる叡智のシンボル「モノリス」は、黒くて四角い板のようなものであった。

円もまた、人間が好きな形の一つである。古代神具の鏡も、貨幣も、ボタンも、マンホールの蓋も、茶椀もＣＤも正円である。初期の石器の中央に正円が完璧にくり抜かれているのを見て驚いたことがあるが、硬い石をドリルのように回転させて、より柔らかい石をくり抜くと、ほぼ完璧な正円の穴を得ることができる。これもまた、回転という運動に即応して人の二本の手が、頭脳による推理や演繹より先に、正円を探り当てていたかもしれない。いずれにしても、簡潔な幾何学形態は、人間と世界の関係のなかに合理性に立脚した知恵の集積を築いていく基本となっている。人間は、四角に導かれて環境を四角くデザインしてきた。そしてそれに劣らず円形にも触発されて、日用品に少なからず円を適用してきたのである。

マンホールの蓋は、四角ではなく丸である。もしマンホールの蓋が、四角だったら、蓋はマンホールの穴のなかに落ちてしまう。だから、マンホールの蓋は丸くなくてはいけない。同じ意味で紙は四角くなくてはならない。丸いと無駄が発生する。紙は縦横のプロポーションが1対$\sqrt{2}$の比率に設定されていて、何度折っても縦と横の比率は同じになるように意図されている。

鉛筆の断面は六角形であるが、これにも勿論理由がある。断面が丸いと、鉛筆は机の上を転がりやすく、机の上から床に落下しやすい。硬い床に落下すると、柔らかい炭素の芯は簡単に折れてしまう。この不都合を避けるなら、おのずと鉛筆の断面は転がりにくい形を模索することになる。しかし転がりにくいからといって、断面が三角や四角だと持った時に指が痛い。したがって、転がりにくく程よい握り心地で、左右対称で生産性のいい六角形に落ちついたという次第である。

ボールは丸い。野球のボールもテニスのボールもサッカーボールも丸い。ボールが丸い理由くらいすぐ分かると思われるかもしれないが、最初から丸いボールがあったわけではない。精度の高い球体を作る技術は、石器に丸い穴をあけるのとはわけが違う。だから初期のボールは精度の高い球体ではなく、比較的丸いという程度のものだったはずだ。しかし比較的丸いという程度のボールでは球技は楽しめない。スポーツ人類学の専門家によると、近代科学の発達と球技の発達は並行して進んできたという。つまり球体の運動は物理法則の明快な表象であり、人間は、知るに至った自然の秩序や法則を、球体運動のコントロール、つまり球技をすることで再確認してきたというわけである。それを行うには完全な球体に近いボールが必要であり、それを生み出す技術精度が向上するにしたがって、球技の技能も高度化してきたというわけである。

ボールが丸くないと、球技の上達は起こりえない。同じ動作に対するボールのリアクションが一定でないとテニスもサッカーも上達は望めない。それが一定であるなら、訓練によって球技の上達は着実に起こり、ピッチャーはフォークボールを投げられるようになり、曲芸師は大玉の上に載って歩くことができるようになる。

球と球技の関係は、ものと暮らしの関係にも移行させて考えることができる。柳宗理の薬缶もそのひとつだが、よくできたデザインは精度のいいボールのようなものである。精度の高いボールが宇宙の原理を表象するように、優れたデザインは人の行為の普遍性を表象している。デザインが単なるスタイリングではないと言われるゆえんは、球が丸くないと球技が上達しないのと同様、デザインが人の行為の本質に寄り添っていないと、暮らしも文化も熟成していかないからである。これを悟ったデザイナーたちは、精巧な球を作るように、かたちを見出そうと努力するようになる。住居を住むための機械と評した建築家のル・コルビュジエも、イタリアをデザイン王国に導くことに寄与したプロダクトデザイナー、アッキレ・カスティリオーニも、ドイツの工業デザインの知的な極まりをひととき世に知らしめたディエター・ラムスも、日本の柳宗理も、めざしたものは同じ、暮らしを啓発する、もののかたちの探求である。

柳宗理の父、柳宗悦は日本の民芸運動の創始者であった。民芸とは、用具のかたちの根拠を長い暮らしの積み重ねのなかに求める考え方である。石灰質を含んだ水滴の、遠大なるしたたりの堆積が鍾乳洞を生むように、暮らしの営みの反復がかたちを育む。川の水流に運ばれ研磨されてできた石ころのように、人の用が暮らしの道具にかたちの必然をもたらすという着想である。その視点には深く共感できる。

しかし、水流に身を任せて何百年も僕らは待つわけにはいかない。技術革命は速度と変化を同時に突きつけてくる。そこに必要なものは理性と合理性をたずさえて自分たちが生きる未来環境を計画していく意志だ。つまり、こころざしを持ってかたちをつくり環境をなすこと。近代社会の成立とともに人々はそのような着想を生み出した。それがデザインである。それは富の蓄積へと繋がる発想ではない。経済の勃興をめざすだけでは得られない豊かさをつくること。この着想を、僕らは何度でもかみしめ直せばいい。

今日、僕らはボールを丸くつくり得ているだろうか。ずんぐりと鈍い柳宗理の薬缶を見ながら、そんな思いを反芻している。

シンプルはいつ生まれたのか

シンプルという言葉がよく使われる。すっきりしていて潔い風情か、あるいは簡潔でまとまりのいい状況を指し、大概においては良い意味に用いられることが多い。シンプルライフとか、シンプル・イズ・ベストなどはもはや日常化している。頭がシンプルと言われて喜ぶのは多少お人好しかもしれないが、それでも混乱したりもつれたりしている頭よりはましかもしれない。

しかし、この「シンプル」という言葉、あるいは概念はいつ生まれたのであろうか。つまり、価値観や美意識としての「シンプル」が社会の中に良好な印象として定着したのはいつのことだろうか。誤解を恐れずに言うなら、シンプルは百五十年ほど前に生まれたのだと僕は考えている。何の根拠があってそう考えるのか、少し話をしてみたい。

ものづくりがまだ複雑ではなかった頃、すなわち人類がまだ複雑な意匠や紋様を生み出す以前、物はシンプルであったのだろうか。たとえば、石器時代の石器はそのほとんどが単純な形をしている。物の見方としてこれを「シンプル」と形容することもできる。しかしながら、それをつくった石器時代の人々は、これらを決してシンプルとは捉えていなかったはずである。なぜなら、シンプルという概念は、それに相対する複雑さの存在を前提としているからである。初期の石器は確かに比較的単純な形をしているように思われるが、当人たちは、簡素さやミニマルを志向してその形をつくっていたわけではない。複雑な形を作り得ない状況での単純さは、シンプルというよりプリミティブ、すなわち原始的、原初的と呼ぶべきである。つまりシンプルとは、複雑さや冗長さ、過剰さとの相対において認識される概念である。そう考えると、シンプルは、長い人類史のずっと後の方まで、その登場を待たなくてはならない。

人間のつくり出す物はプリミティブから複雑へと向かう。文化は複雑から始まった。こう極論できるかと思われるほどに、現存している人類の文化遺産は複雑である。たとえば青銅器。中国古代王朝の殷の遺跡、殷墟から出土した青銅器はいずれもとても複雑な形をしている。造形の順序としては簡素から複雑へとゆるやかに段階的に進化していきそうなものだが、簡素な形をした青銅器は、殷以前の原初的《プリミティブ》な段階を除くとほとんど見あたらない。中国の青銅器は、その端緒から複雑な形をなし、精緻な紋様でその表面が覆われていた。注ぎ口や把手が大仰にできているのみならず、微細な渦巻き紋様によって表面が覆い尽くされていた。これはなぜだろうか。

青銅とは銅と錫《すず》の合金で、錫を混ぜることで沸点が下がると同時に硬くなる。他の古代文明に比すると中国は比較的青銅を手にするのが遅いが、それにしても当時のハイテク素材である。鋳型に溶かした青銅を流し込んで固める技術は、今日においてすら簡単ではない。おそらく高度に熟練した職人や技術者が、驚くべき集中力と時間を費やさなくては達成できない成果として青銅器はあったはずで、それがことさら複雑な紋様に覆われているということは、複雑さが明確な目的として探求されたことを示している。別の見方をすれば、極めつきの精緻と丹精を可能にする「強い力」がそこに表現されていると推測される。大きな青銅器は持ち上げることもできない。つまり、実用のためではなく、畏敬の対象となる力の表象として示されたわけで、これを単純に「祭器」などという言葉で片付けてはいけない。

およそ人間が集まって集団をなす場合、それが村であれ国であれ、集団の結束を維持するには強い求心力が必要になる。中枢に君臨する覇者には強い統率力がなくてはならず、この力が弱いと、より強い力を持つ者に取って代わられたり、他のより強力な集団に吸収されてしまったりする。村も国も、回転する独楽《こま》のような存在である。回転速度や求心力がないと倒れてしまう。複雑な青銅器は、その求心力が、目に訴える形象として顕現したものと想像される。普通の人々が目の当たりにすると、思わず「ひょええ」と畏れをなすオーラを発する複雑・絢爛なオブジェクトは、そのような暗黙の役割を担ってきた。

殷周の王朝を経て春秋戦国時代に入ると中国では複数の国々が群雄割拠する状況を迎えた。少しでも油断するとすぐに隣国に侵略されてしまう。したがって王は英邁、宰相は知略に長け、兵は強く統制がとれている必要があった。この緊張感は諸子百家の叡智を生み出す契機を生んだと言われている。青銅器の上には、文字がびっしりと鋳込まれるようになり、装飾は武具や甲冑にも及び、見るものに畏怖を与える豪壮・絢爛・怪奇なる様相が生まれた。龍の紋様などはこの需要にこたえる最適のものである。というよりも、殷の時代に、青銅器の表面にびっしりと刻み込まれていた渦巻き紋様は、その紋様的進化の途上で、頭や手足を持つ架空の動物に見立てられ、龍として生成したように見える。つまり龍とは、文学的な逸話から想起される怪獣を絵師が腕をふるって描いたものではなく、宗教から派生したものでもない。物の表面に偉容をなす細部を付与するための装飾紋様が動物化したと考えるべきである。物の表面を覆い尽くすその稠密性によって威を発することを目的に生まれてきたのであるから、有機的な形の表面にも円柱の表面にも、龍は難なく巻き付き覆い尽くしていく。

上：殷代の青銅器（ケルン東洋美術館）　下：天壇（北京）　祈年殿の天井

同じようなことが、隣接するイスラム文化圏にもみることができる。偶像を否定するイスラムにおいては、龍のような具象物はない代わりに、幾何学紋様や唐草紋様が異常なる発達を見せ、王宮やモスクの空間をびっしりと埋め尽くしている。

人間の肌におどろおどろしい紋様を施す入れ墨は、それを見る者の気持ちをくじく威嚇性に満ちている。浴場施設などで、入れ墨をした人の入場を禁止するのは、その発露が人々を震え上がらせる弊害を憂慮してのことであろう。中国は龍を、イスラムは幾何学パターンをびっしりと身にまとい、互いに「僕を攻めるとちょっと怖い目に遭いますよ」と、威嚇し合っていたにちがいない。現代でいうところの抑止力。核兵器で脅し合うのでなく、稠密な紋様の威力で互いの侵略を抑止していたのだ。

インドにおいても同様である。大理石でできた白亜のモニュメント、タージ・マハルは、ムガール帝国に君臨したシャー・ジャハーンが亡くなった后のためにしつらえた極めつきのメモリアル建築。その表面は、東西から集められたカラフルな石による複雑な紋様の象嵌細工で埋め尽くされた。象嵌細工というのは、土台となる石の表面を紋様の形に削り取り、同じ形に削り上げた別色の石をそこに嵌め込むという、気の遠くなるような作業の連続によってできているものだ。見ると思わず息をのむその装飾は、シャー・ジャハーンの力を今日にも余すところなく伝えてくるのである。

ヨーロッパにおいても、絶対君主の力が最も強かった時代、太陽王ルイ十四世が君臨していた時代には、バロックやロココといった装飾をとめどなく横溢させる様式が絶頂を極めていた。ヴェルサイユ宮殿の鏡の間は、謁見の間であったと言われているが、実際に赤い絨毯の上を歩いて、正面に座す王に謁見する情景を想像すると身のすくむ思いがする。これは僕の肝が小さいからではない。強大な力の表象としての鏡の間が人に与える威圧とはそういうものだったはずだ。

世界が「力」によって統治され、「力」がせめぎ合って世界の流動性をつくっていた時代には、文化を象徴する人工物は力の表象として示された。力は人の世界に階層を生み出し、王や皇帝を頂点とする力の階層は、紋様や絢爛さの階層をも生み出し、そのような環境下では、簡素さは力の弱さとしてしか意味を持ち得なかった。

しかしながら、決定的な変化が近代という名のもとにもたらされる。近代社会の到来によって、価値の基準は、人が自由に生きることを基本に再編され、国は人々が生き生きと暮らすための仕組みを支えるサービスの一環になった。いわゆる近代市民社会の到来である。現実の歴史は、国をなす方法の多様さから様々な紆余曲折を経ることになるが、目を細めて眺める歴史は、ある方向へとはっきりと流れをつくっている。すなわち、人間が等しく幸福に生きる権利を基礎とする社会へと世界は舵を切ったのである。

上：シェイフ・ロトゥフォッラー・モスク（イラン）　中：タージ・マハル（インド）
下：ヴェルサイユ宮殿　鏡の間（フランス）

その流れに即して、物は「力」の表象である必要がなくなった。椅子は王の権力や貴族の地位を表現する必要がなくなり、単に「座る」という機能を満たせばよくなった。科学の発達も合理主義的な考え方を助長する。合理主義とは物と機能との関係の最短距離を志向する考え方である。やがて猫足の椅子の湾曲は不要になり、バロックやロココの魅惑的な曲線や装飾は過去の遺物になった。資源と人間の営み、形態と機能の関係は率直に計り直され、資源や労力を最大限に効率よく運用しようとする姿勢に、新たな知性の輝きや、形の美が見出されてきた。これがシンプルである。

百五十年前というのは歴史上のエポックを指すものではない。十九世紀中葉の欧州は、産業革命を経て活気づいていた。その成果を一堂に展覧するために鉄とガラスの「水晶宮」が建造されたロンドン万博が注目を集めていた時代であり、オーストリアではトーネットが曲木の技術で簡素ながら機能的な椅子を大衆向けに量産しはじめた頃である。英国ではダーウィンが『種の起源』を書いて世を騒がせており、日本では黒船騒動で攘夷が叫ばれていた。ここからシンプルが始まった、という句読点のようなエポックは特に見あたらない。しかし、シンプルという価値観が人々に新たな理性の明かりを灯しはじめたのは、大きくはこのあたりではないかと僕は考えている。

上：ルイ十五世様式の王妃の肘掛け椅子
下：マルセル・ブロイヤーによる肘掛け椅子（一九二八年）

複雑さを力の表象としてきた長い時代が終わりを告げ、人間の暮らしの率直な探求から、家具が、家が、そして都市や道路が再構築されはじめた。モダニズムとは、物が複雑からシンプルに脱皮するプロセスそのものである。富や人々の欲望は往々にしてものごとの本質を覆い隠す。人々は時にシンプルの探求に倦んで、放蕩へと傾きがちである。しかし目を細めて骨格を見通すなら、世界はシンプルという中軸をたずさえて、この瞬間も動き続けているのである。

なにもないことの豊かさ

長次郎の「楽茶碗」に出会ったのは京都の楽美術館である。その衝撃は今でもくっきりと脳裏に刻まれている。黒くて丸みを帯びた茶碗の魅力に吸い寄せられ、展示台のガラスケースが鼻息で曇るほど見つめてしまった。まるで全ての意味やエネルギーを吸い込んで黙するかのような無光沢のかたまり。膨張・拡大するのが宇宙なら、同じ宇宙を凝縮へと向かわせると、こんな風になるかもしれない。形は簡潔だが、これは「シンプル」とは呼べない。合理性では到達できない、別の美意識がそこに息づいている。

シンプルという概念は、権力と深く結びついた複雑な紋様を近代の合理性が超克していく中に生まれてきたという経緯を前節で述べた。しかしながら、日本文化の美意識の真ん中あたりにある「簡素さ」は、シンプルと同じ道筋をたどって生まれてきたものではない。シンプルの誕生は百五十年ほど前であると述べたが、日本の歴史を振り返ると、そのさらに数百年前に、「シンプル」と呼びたくなる、簡潔に極まった造形が随所に発見できる。その典型がこの長次郎の楽茶碗であり、また、今日の和室の源流といわれている、京都慈照寺に残されている足利義政の書院「同仁斎《どうじんさい》」である。それらは、複雑さと対峙する簡潔さの中に力をたたえているが、シンプルとは本質的に異なっている。あえて言うなら「エンプティ」つまり空っぽなのである。その簡潔さはかたちの合理性を探求した成果でもなければ偶然の産物でもない。「何もない」ということが意識化され、意図されている。空っぽの器であることによって、人の関心を引き込んでしまう求心力として「エンプティネス」は体得され、運用されていたのだ。

日本の美意識は資源であり、積極的に活用されるべきだとすると、その一端がどのような経緯で生まれてきたのかを理解していくことは重要である。ここでは少し、自分の体験をふまえつつ「エンプティネス」誕生の周辺について話してみようと思う。

楽茶碗と出会ったのは、京都の茶室で広告の撮影をしていた時だった。慈照寺東求堂《とうぐどう》「同仁斎」、大徳寺玉林院「蓑庵《さあん》」、武者小路千家「官休庵」など、国宝重文級の茶室でロケを行っていた。それらの空間に直に身を置くことで、そこで運用されている美意識が、デザイナーとしての現在の自分の感覚とつながっていることに気がついたのである。特に、足利義政がその晩年を過ごした京都・東山の慈照寺、通称銀閣寺東求堂の書院「同仁斎」で、僕は大きな覚醒と手応えを得ることができた。

足利義政が東山で隠居生活を始めたのは室町末期、十五世紀の末であるから、今から五百年以上も前のことである。その東山文化を茶の湯を通して洗練させていった千利休が活躍した桃山時代は十六世紀の後半で、これはバウハウスの誕生より三百年以上も前のことである。

簡素を旨とする美意識の系譜は世界でも珍しい。なぜなら、世界は力の表象のせめぎ合いで複雑さに輝いてきたからである。複雑さを脱して、簡素さへと意識を移していく背景には相応の理由があるはずだが、その理由はおそらくは応仁の乱という大きな文化財の焼失が京都を襲ったことに起因するのだろうと考えている。

足利義政は室町幕府八代目の将軍であるが、その政治力の欠如、治世への情熱の希薄さは様々な文献で語られるとおりである。普請好き美術好きで、世が傾くほどに美に耽溺したという。もしもこの人が、精力的に世を治め、後継問題もきちんと差配して家族をまとめていれば世は乱れず、応仁の乱も起きずにすんだかもしれない。しかしながら不思議なもので、将軍義政のふがいない政治力から、世が紛糾し大きな戦争が引き起こされたことで、日本の文化はひと皮むけて、独創性へと歩を進めることができたのである。

応仁の乱の経緯についてここで語るのは控えるが、室町幕府という力の弱体化を象徴する想像を超えた大きな戦争であった。約十年間を通して、歴史の超過密集積地であった京都を襲った戦乱の炎は、壊滅的な文化的損傷を当時の日本に与えたのである。

第二次大戦の戦火を逃れた京都であるから、年配の京都人が「先の戦争で」というと応仁の乱のことである。そういわれると戦争も雅に聞こえるから不思議であるが、戦争は戦争。破壊の本質は変わらない。B29の焼夷弾で焼き尽くされた東京と同じく、室町末期の京都も、十年を超える戦乱によって、その大半を焼失した。焼夷弾と違うのは、破壊や略奪などの人災がそれに輪をかけたことだ。皇居や将軍・貴族の邸宅にまで破壊・略奪は及んだという。伽藍も仏像も、建築も庭も、絵巻や書物、着物や織物に至るまで、破壊されうる夥しい文化財がこの際に失われた。蓄積されてきた日本文化が一度完全にリセットされるほどのダメージがそこに生じたのである。

義政は、数百メートル先に戦乱が迫っていても、なお書画にうつつを抜かしていたと言われるほどの、アンバランスに美に耽溺した人であったようだが、逆にそれだけに、戦乱によって失われた文化財の巨大さを、人一倍認識できたはずである。古美術商が見たら腰を抜かすほどの、超ド級の喪失を経て戦争は終わる。義政は結局、息子に家督を譲って東山に隠遁するが、そうなってもまだ、普請道楽や芸術への耽溺は止まらず、現在の慈照寺のある場所に、趣向を凝らした東山御殿を築くのである。そして皮肉なことに、ここに全く新しい日本の感受性が開花していくのだ。

足利義政が東山に築いた東山御殿は、いわば、義政が練りに練った美意識の集大成であった。応仁の乱の直後のことであるから、予算的にはさぞや逼迫していたであろうと想像されるが、義政とはそういうことを理由に何かを倹約するような人ではない。世や民のことはさておき、あり得るだけの予算を投入して、自分の晩年の居場所を構築したのである。

しかしながら、そこに現れた表現は決して豪奢なものではなく、簡潔・質素をたたえる美であった。敷き詰められた四畳半の畳。外光をなめらかな間接光へと濾過する障子。たおやかな紙の張りをたたえる襖。書き物をする帖台と飾り棚が一面にぴしりと端正に収まり、帖台の正面の障子を開けると、庭の光景が掛け軸のようなプロポーションで切り取られて眼前に現れる。まるで数学の定理のように美しい。義政はつつましく謹慎するためにこのような表現を選んだのではない。おそらくは権力の頂点で美を探求し、さらに応仁の乱の壮絶な喪失を経ることによって、何か新しい感性のよりどころを掴んだのであろう。

それまでの日本の美術・調度は決して簡素なものではなかった。ユーラシア大陸の東の端に位置する日本は、世界のあらゆる文化の影響を受けとめてきた。世界の末端で、各地の強大な力が生み出す絢爛たる表象物の伝来をほしいままにし、「唐物」と呼ばれる渡来品に魅了されながら、日本は案外と絢爛豪華な文化の様相を呈してきていたはずである。仏教の伝来やそれに起因する仏教文化の隆盛、大仏の開眼法会に象徴される壮麗華美な文化イベントなどはその象徴だろう。渡来ものの装飾の精緻さや珍しさを尊び、そこから多くを学び吸収して日本文化は織り上げられてきていたはずだ。

それらの文物を集積してきたメトロポリス京都の焼失を目の当たりにした人々の胸に、どのようなイメージが渦巻き、どのような達観が生成したかは今日知るよしもない。しかしおそらくは、華美な装飾のディテイルをなぞり直し復元するのではなく、むしろ究極のプレーン、零度の極まりをもって絢爛さに拮抗する全く新しい美意識の高まりがそこに生まれてきたのではないか。渡来の豪華さの対極に、冷え枯れた素の極点を拮抗させてみることで、これまでにない感覚の高揚を得ることができたのではないか。そんな風に想像することができる。

なにもないこと、すなわち「エンプティネス」の運用がこうして始まる。そういう美学上の止揚あるいは革命が、応仁の乱を経た日本の感覚世界に沸き起こったのである。

茶を喫する習慣は世界中にある。温かく香りの良い茶を飲むという行為や時間の持ち方は、普遍的な生の喜びに通じているのだろう。この「茶を供し、喫する」という普遍を介して、多様なイマジネーションの交感をはかるのが室町後期にその源流を持つ「茶の湯」である。誤解を恐れずに言えば、茶を飲むというのはひとつの口実あるいは契機にすぎない。空っぽの茶室を人の感情やイメージを盛り込むことのできる「エンプティネス」として運用し、茶を楽しむための最小限のしつらいで豊かな想像力を喚起していく。水盤に水を張り、桜の花弁をその上に散らし浮かべたしつらいを通して、亭主と客があたかも満開の桜の木の下に座っているような幻想を共有する、あるいは供される水菓子の風情に夏の情感を託し、涼を分かち合うイメージの交感などにこそ、茶の湯の醍醐味がある。そこに起動しているのはイメージの再現ではなく、むしろその抑制や不在性によって受け手に積極的なイメージの補完をうながす「見立て」の創造力である。

エンプティネスの視点に立つなら「裸の王様」の寓話は逆の意味に読みかえられる。子供の目には裸に見える王に着衣を見立てていくイマジネーションこそ、茶の湯にとっての創造だからである。裸の王様は確信に満ちて「エンプティ」をまとっている。何もないからあらゆる見立てを受け入れることができるのだ。

慈照寺東求堂「同仁斎」　写真：上田義彦

空間にぽつりと余白と緊張を生み出す「生け花」も、自然と人為の境界に人の感情を呼び入れる「庭」も同様である。これらに共通する感覚の緊張は、「空白」がイメージを誘いだし、人の意識をそこに引き入れようとする力学に由来する。茶室でのロケーションは、その力が強く作用する場を訪ねて歩く経験であり、これによって、現代の僕らの感覚の基層にも通じる美の水脈、感性の根を確かめることができた。西洋のモダニズムやシンプルを理解しつつも、何かが違うと感じていた謎がここで解けたのである。

楽美術館での長次郎の楽茶碗との出会いはその締めくくりであった。一連の撮影を終えて立ち寄った美術館に、全てを凝縮するようなオブジェクトが並んでいたのである。

阿弥衆とデザイン

美を生み出すのみならずそれを運用していく職能としてデザイナーは、日本ではいつ頃から動きはじめたのであろうか。僕は、今日のデザイナーと似ている職能、あるいは才能として、室町時代前後の阿弥衆《あみしゅう》(同朋衆)を思い浮かべないわけにはいかない。阿弥とは、やや乱暴にたとえるなら、優れた技能や目利きの名称に付す「拡張子」のようなものだ。最近は、そのデータがどのソフトウエアでできたかを表記する目的でデータの名称の最後に「.doc」などと付す。意味や機能は異なるが、ニュアンスとしてはこれに似ている気がする。だから室町以降の人の名前に「阿弥」と付されていたなら、「.ami」、なるほどその筋のソフトウエアを共有するアーティストか、と考えればだいたい遠からずの素性を理解できる。

「阿弥」は元々、浄土宗の一派である時宗の僧侶の法名に用いられていたものである。時宗の僧侶は合戦に同行する僧侶でもあった。武士が戦場で命を落とすようなことがあれば、すかさず念仏を唱え、浄土に旅立つための一連の始末を請け負っていたらしい。しかし、ただ戦に同道するだけで貴重な兵糧の世話になり続けるというのも不自然であり、おのずと宗教方面のみならず、負傷者の手当や日常の世話、そして芸術諸方面の活動をも担うようになった。とりわけ僧門の人々は元来、芸能をよくしたことも「阿弥」という記号に独特の意味を含ませるきっかけとなったと想像される。

つまり技芸の才のある個人や一族がこの名称を用いたことで転用がおこり、時宗の徒ではない者までもが阿弥を名のるようになった。有力な武家に重用されて、芸術諸般や日常雑務を担っていた人々は「同朋衆」とも呼ばれるが、「同朋」という言葉が喚起するイメージよりも、今日、歴史上で美に関与した者としてすでに耳にしている技能者の名称をたどることでイメージの広がる「阿弥衆」をここでは用いてみたい。

文化というものは常に、時を制する力とつながり、また拮抗して呼吸している。それは武力であったり、経済力であったり、政治力であったり、ポピュリズムであったりするが、そういう力が、力であるゆえの穢れや毒を拭うように、感覚的な洗練としての美を欲するのである。このような希求を文化の端緒というべきかどうかはともかく、倦まずたゆまずその要望に応え、美を供給していく役割を担う人々がいる。美に触れ続けるということは、時代の趨勢を作るパワーとは異なる位相に、人間の感覚のときめきを生み出すもうひとつの中心があることを意識し続けるということである。美と感覚を交感させて日々を過ごすことと、時の力に請われてこれを供していくことの間には、必ず微妙な葛藤が生じてくる。時の力は自分たちの技や才能の発露をうながす土壌すなわちクライアントであるが、美を差配する現場に精通する人々に培われてくる感覚は、常にクライアントの思惑を超えて過度に成熟する。この過度なる感覚の成熟や横溢をこそ文化と呼ぶべきかもしれない。阿弥衆の仕事に、自分が感じるそこはかとない共感は、この過度なる感覚のやり場に起因する微かなる葛藤と放蕩をそこに感じるからである。足利幕府であれ、資本主義のもとで君臨する企業であれ、力を洗練されたイメージへと変容させて用いたいという希求に、半ば応え、半ばあらがうという状況を共有しうる立場として、僕はこれらの技能集団に直感的なシンパシーを感じるのである。

日本美術は、歌にしても書画にしても天皇や貴族のたしなみから発生しており、歌を詠むことも、それを料紙に書きつけることも、高貴な地位の人々が主役で、彼らが直接手を下してそれを行っていた。高い地位の家に生まれつき、得難い情報や知識を幼い頃から身につけて育った文化的エリートのみが実践できるパフォーマンスとして、美の世界は存在した。しかしながら、時代が下るにつれ、美を求める意志と、それを実践・具体化させる技能とが分離してくる。美を具体化できる能力は、地位や生まれではなく個人の生来の能力や特別な修練によるという認識が、徐々に一般化してくるのである。平安時代から鎌倉時代にかけて、高度な修練を積んだ宮大工や彫り師・絵師といった職人あるいはアーティストが美術シーンを牽引したのは、そういう流れにおいてである。しかし、室町時代の阿弥衆は、そうしたアーティストや職人の気質とはまたひと味異なる才能たちであった。つまり絵画や彫刻を生産するのみならず、その運用の仕方や配し方、すなわち「しつらい」を介して美を顕現させる才能が活躍しはじめるのである。

室町時代に確立した諸芸として、能、連歌、立花、茶の湯、築庭、書院や茶室の建築などがあげられるが、いずれも美的なオブジェクトを生み出すだけではなく、組み合わせ、制御し、活用する才能が諸芸を生き生きと走らせていく。つまり「もの」を作るのみならず「こと」を仕組み、美を顕現させる職能たちが活躍しはじめる。遁世者という言葉があるが、美を差し出してその報酬で生きるということは、どの世においても社会の常道、まっとうな生業から逸脱した存在である。これは現代も同じことだ。才能で生きるということは「固有名詞」として社会に立つということであり、その立ち方は才能単位でまちまちで、簡単に人に譲り渡したり、受け継いだりできるものではない。阿弥衆とはすなわち、固有名詞で室町文化のクライアント筋から、指名され頼りにされた才能なのである。純粋芸術とは異なる文化諸般のアクティビティを担うという性格上、僕は日本におけるデザイナーの始原をここに感じるのだ。

美という価値の運用が社会の中で、どう位置づけられたか、そしてそれをもとめる者、つくり出す者、見立てる者、調達する者の社会的な地位や立場、相互の関係がどうであったか。また、美の運用で獲得される感覚資源は、いかなるかたちで伝承・保存され得たかなどは、今日の状況に対照させてみるととても興味深い。日本のデザイン史は、まさにこのあたりから書きはじめられなくてはならないかもしれない。

阿弥衆といえば、能の観阿弥と世阿弥、立花では立阿弥、作庭では善阿弥、美術品の目利きであった能阿弥などの名前がすぐにあがってくる。東山文化を確立した足利義政が重用した作庭師は善阿弥であるが、その出自はきわめて低い階層であったと言われている。

しかし、築山を築き、水を引いて石を据え、そこに樹木を配する才能は、抜きんでたものを持っていたようで、作庭に異常な情熱を注ぎ続けた義政は、身分の賤しい善阿弥をことのほか大事に扱ったと伝えられている。病気の際には、薬を施すのみならず祈禱を行ってその回復を祈願したというから尋常の扱いではない。また良い仕事を完成した際には、身分に関係なくふさわしい褒賞を与えたそうだ。

一方で阿弥衆も、将軍の庇護を自覚しつつ、したたかに仕事をしていたようだ。少し興味深い逸話がある。義政の意向で庭園用の樹木を調達するために、奈良の興福寺の末寺、一乗院に庭師の阿弥衆が送り込まれた。将軍の命とはいえ、我がもの顔で寺の樹木を物色する一団の態度を腹に据えかねた一乗院の僧たちは、彼らの宿所を襲って追い返したそうだ。これに激怒した義政が、報復として幕府に命じて寺の領地を没収しようとしたため、寺は驚いて謝罪し和解を申し入れた。結果として一団は存分に寺の樹木を検分し、必要な樹木を調達したと言われる。おそらくは遁世者集団のマナーも悪かったのだろう。その雰囲気はこの逸話からなんとなく想像できる。才能があるとはいえ、そこを割り切って庇護する義政も徹底しているが、そうであればこそ謙虚に振る舞う繊細さも必要だろう。寺の側の憤懣も理解できるような気がする。

こういう逸話もある。当時は座敷飾りの一環として、花を立てて飾る習慣が徐々に確立されはじめていた。花を器に盛ることは古来行われてきたはずだが、花をぴしりと緊張感をもって立てる技術が成熟を見せるのはこの時代である。その中で名声を得ていたのが立阿弥という才能。義政は花を立てることに関しては立阿弥に全幅の信頼をおいていたようである。ある時、相国寺の僧から梅と水仙の花の献上を受け、喜んだ義政は立阿弥に命じてこれを立てさせようとした。ところが、立阿弥は、病気と称して出仕を拒んだという。しかし義政はあきらめず、厳命を発し、ついには立阿弥を出仕させて花を立てさせた。結果として見事に花はしつらえられ、義政は立阿弥に相応の褒美を贈ったといわれる。実現したい美に対しては横車を押してでも通してしまう義政の強引さは一貫しているが、将軍の命令を、いざとなれば花を立てられる程度の「病気」を理由に拒む立阿弥はなかなかの強者《つわもの》だったかもしれない。

庭を造るにしろ、花を立てるにしろ、義政がスケッチや図面を描いて何かを指し示すわけでは勿論ない。阿弥衆が、石を配し、山を築き、樹や植物を植えたのだ。あるいは花を立て、茶を点て、渡来の唐物の良し悪しを検分し、座敷をセンスよく飾ったのである。前節で述べた「エンプティネス」つまり「冷え」や「空白」を巧みに運用して人間の興味や関心を誘導・喚起する表現技術がこの時代から切れ味よく動きはじめている。まさにこの時代に始まる日本独自の美の実践者が阿弥衆なのである。東山文化とは、阿弥衆と、義政のような文化のディレクターとの、ダイナミックな美意識の交感によって生み出されたものだと考えていいかもしれない。阿弥衆との積極的な交流を介して、義政を筆頭とする有力な文化リーダーたちの感覚もどんどん豊かになっていったのだろう。このあたりは今日のクライアントとデザイナーの関係にも似ている。出自に関係なく才能を有する者たちは、「阿弥」の付された名前を与えられ、文化の最前線にかり出される一方で、連歌の会などにも高貴な身分の人々に交じって出席を許されたりしている。

今日のデザイナーがネクタイをしないのは、自由や合理性ではなく、個の才能として存在を許される遁世者としてのポジショニングが、無意識に現代にまで引き継がれているからかもしれない。

3

家——住の洗練

日本の美意識のひとつの中心が、簡素さや空白に価値を見出していく感受性にあることや、それが西洋近代が発見してきた「シンプル」という概念といかに違うかについてはひとしきり述べた。そしてそれが室町末期の応仁の乱という文化財の喪失を契機に、渡来もの志向の絢爛趣味が払拭された後に芽生えてきた価値観であり、それは身分の高い人々や時の権力者だけではなく、美を扱う多くの才能たちによって運用され、洗練の度を加えられてきた経緯についてもしばらく語ってきた。これらの感受性は、長い江戸時代や明治の文明開化、そして敗戦後のアメリカンカルチャーの流入で混沌を極めていく日本文化にありながらも、その深層の部分において連綿と引き継がれてきている感覚資源であり、繊細、丁寧、緻密、簡潔を旨とする日本の美意識の核心ではないかと僕は思う。

日本列島の地勢的な特長は、アジアの東の端に、さらに日本海という海を隔てて存在する孤立性である。また、日本語という固有言語を共にする島国であり、英語などの外国語の習得があまり得手ではないという負の性向すらも文化の防波堤となって、この国の独自性を守ってきている。個人の自由を基本とする近代社会のコンセプトや産業革命を基軸とする西洋文明が世界を席巻した十九世紀中葉から二十世紀にあっては、アジアの端の国は、その影響を受け入れ、多大なる混沌がそこに生まれようとも、世界の叡智に国のかたちを添わせ開いていく必要があった。しかしながら、そうした混沌に翻弄されながらも、それを経なければ決して到達できない洗練というものもある。第二次大戦後の高度経済成長の時期を過ぎて、今日の日本人は飢餓感を失い、闘争心や競争力を減じてしまっているように見える。しかしながら、競争心をあおり、混沌と成長を同時に引き受ける時期を経た今だからこそ、僕らは少し平静な気持ちで、洗練へと向かうことができるのではないか。今はそういう時期にさしかかっているような気がするのだ。

先日、ふと立ち寄った大阪市立東洋陶磁美術館で、アジアの陶磁器の膨大なコレクションを一覧する機会を得た。そのコレクションの厚みから、陶磁器という物的達成に人類が魅了されていく系譜が大摑みに理解できるわけであるが、同時に東アジアにおけるものづくりの勢力分布をもそこに読み取ることができた。それが顕著に示されているのは「窯《よう》址《し》」の分布図である。中国、朝鮮半島、そして日本の順に密度が薄くなっている。歴代中国の歴史の中で、いかに多くの陶磁器が中国東部全域にわたって作られてきたかということ、そして朝鮮半島というもう一つのユニークな地勢によって陶磁器文化がどう熟成されたかをも、窯址の分布図はきわめて明快に語っていた。

日本は戦後の五十年という時間の中で、よく頑張って工業立国を果たし、世界のものづくりをアジアの端のこの列島に集中させてきた。これは奇蹟的な実績であり、戦後日本の復興を支えた日本人の、まさに努力の賜物であるといってよい。しかしながら、間違えてはいけないのは、ここに実現したものづくり産業のみが、恒久的に日本を潤わせ続けるという幻想を抱くことである。

日本は、アジアの果ての国が、近代という時代をリードし西洋文明がもたらす利をさらに発展させていけることを先んじて実証した。けれども、陶磁器生産に限らず、歴史の中で非常に高度なものづくりを具体化させてきた中国をはじめとするアジア諸国の全てが、やがては工業に大きく乗り出してくることを、覚悟とともに予測しておかなくてはならない。中国においてはその傾向が顕著で、一国そのものがすでに大きな経済圏であること、さらには巨大な成長の潜在性を国中の人々が了解し、前に進もうとする猛烈なモチベーションを生んでいることが、中国の爆発的な成長を後押ししている。安い労働力はもはやひとつの要因でしかなく、労働モラル、技術力と品質の高さ、研究意欲、能率の向上、圧倒的な事業規模、そして世界中から集まる潤沢な資金などあらゆる要因で、ものづくりのベクトルは今、中国を指し示している。人口が五〇万人以上の都市は日本には一九ある（政令指定都市）。しかし中国には一八五あり、十五年後にはそれが三〇〇近くになると予測されている。

韓国は、自国の市場が小さいこともあり、自国以外の市場への開拓意欲が非常に旺盛で、かつての日本がそうだった以上に国際的な企業間での成長競争に意欲を倍加させている。経済の成長期を過ぎてマイルドになってしまった日本は残念ながら、単純なものづくりで世界の耳目を集められるという状況ではない。もしも工業生産だけで競うとするならば、日本はしばらくは圧倒的な旗色の悪さを覚悟しなくてはならない。

しかしながら、一国の文化の価値は、いかにたくさんの工業製品を作るかで決まるものではない。それは、Made in Japan 全盛の頃に、すでに日本が悟ったことであるはずだ。マネーがたくさん入り込んでくるだけでは幸せにはなれないことも、かつての不動産バブルでマンハッタンのランドマーク、ロックフェラーセンターをすら購入に及んだ日本が身にしみて分かっていることだ。富を所有するだけでは幸福になれない。手にしているものを適切に運用する文化の質に関与する知恵があってはじめて人は充足し、幸せになれる。勿論、貧しさや行きすぎた貧困は問題であるが、工業生産もマネーゲームもふんだんに謳歌し、その酸いも甘いも、身をもって体験した経験を生かして、世界の経済文化の未来を広く見さだめていく姿勢が求められるはずだ。しかしこの場合、あまり近い未来を見てはならない。太古の歴史に遡って現在を見通し、五十年くらい先の未来を見る感覚が大事なのだ。

自動車産業など、移動のメカニズムがクルマ単体を超えて都市システムとしてクルマの制御技術が求められるような領域では、日本はさらに世界をリードしていく可能性を持つと予測されるし、家電単体ではなく、より大きな総合家電としての住宅や、スマートグリッドなどに代表される電気供給の仕組み、さらには太陽光発電やパッシブハウスのような環境テクノロジーなどの分野においても、日本はリーダーシップを発揮する可能性を持っていると思う。

いずれにしても、「量」から眺める産業ではなく、日本人がその深層に保持し続けてきた美意識を運用して、美の国としての「質」を運営していくことのできるヴィジョンを僕は提示したい。高度なテクノロジーも、結局は技術の上、こ高度な美意識や洗練を適用できるかによってその水準が決まってくると思うからである。

まずは「暮らしのかたち」すなわち「住まい」のヴィジョンからを始めたい。「住まい」とは、端的に言えば「家」である。「家」については本来、日本人っと高度な美意識を発揮していいはずである。室町から桃山にかけて、簡素を旨とする識が成熟の度を増し、阿弥衆のような元祖デザイナーあるいはアートディレクターたちや庭、生け花のしつらいや茶の湯の作法などの洗練の度は深められた。ここで醸書院感受性は、現代の日本人の生活感覚の深層に受け継がれている。生け花や茶の湯の庶民の生活にこそ浸透してきたものであり、きちんとしたもてなしを供してくれる旅館どに行くと、我が意を得た気持ちになる。その国固有の作法や空間・調度のしつらい、そして食の饗応で接客し、西洋の最上級ホテルのサービスを上回る対価を設定できる国がどれほどあるだろうか。

ところが一般の家庭ではどうか。門の格子戸をくぐると敷石が並び、上がり框《かまち》の踏み石で履物を脱ぎ、掃き清められた簡潔な座敷の床《とこ》には軸が掛けられ、季節の花が活けられている、と言いたいところだが、残念ながらそうではない。そういうところが無くもないが、もはや現代の日本の住まいの現実は「公団住宅」か「マンション」のようなかたちに変容し、人々は溢れるほどの物に囲まれて暮らしている。

日本は明治維新で大きく西洋化に舵を切ったけれども、庶民レベルの住宅においてはなかなか近代化、西洋化とはいかなかった。「暮らしのかたち」というからには庶民の家が基準になる。室町後期に襖、障子、畳を基本とした和室の原型が形成されたわけだが、勿論、庶民がみな書院に住んでいたわけではない。掘っ立て柱に草の屋根を葺き、土間に筵《むしろ》を敷いたような家がむしろ一般的だったはずだ。礎石の上に柱を立て、豪壮な木組み成される民家や、書院造りに茶の湯の侘びを加味する数寄屋なども発展するが、わめて裕福な家。それでもしっかりとした民家や数寄屋は、庶民の水準に家の を伝播するメディアとして凛とした規範を示していた。

履物を脱いで上がる畳敷きの座敷は徐々に庶民にも広まり、江戸時代には、 で空間を間仕切る「田の字」構造の民家が増えた。田の字の家には家具 めで、押し入れや納戸に寝具や家具を収納し、座敷を可変空間として用い 陸の韓国は「箪笥」の文化であり、生活者と簞笥、あるいは空間と簞笥が密着した関係にあったが、日本の住空間は機能分化が進まず、ひとつの空間がダイニングルームにも、寝室にもなる多機能を前提として運用されてきたのである。豪華なものから質素なものまで、日本家屋はほとんどが木造で、大工の技術も道具の進化とともに充実してきたという。

事情が変わるのは関東大震災と第二次大戦による住宅の大規模な喪失を契機としてである。関東大震災以降の「同潤会」活動から第二次大戦前後の西山夘三《うぞう》による「ｎＤＫ」の研究あたりにかけて、近代的な住まいのかたちが徐々に萌芽を見せる。第二次大戦前後の都市部においては、庶民の暮らしにも、食事をする場所と寝る場所を分離させる傾向が現れる。サラリーマンの増加によって職と住の分離が加速された高度成長以降は、公団住宅や分譲マンションが、日本の都市型の住まいのひとつの典型として認識されはじめる。このあたりから、日本の住まいには、伝統や美意識から隔絶した殺伐とした空気が漂いはじめる。ある種のあきらめにも似た画一性の氾濫が起こるのである。

このような日本の住宅にどのような未来があるのだろうか。僕は大いに可能性があると考えている。

家をつくる知恵

家をつくる方法は誰も教えてはくれない。「三十路も半ばを過ぎたら、こういう家を購入し、家具や調度はこのようにしつらえなさい」と父から教わった記憶もないし、祖父から諭された覚えもない。これは僕の父が手を抜いていたわけでも、祖父が冷たかったわけでもない。日本の暮らしはここ五十年で激変してしまった。だから父や祖父の時代の知恵の多くは僕らの世代には生かせない。家のかたちも家族のかたちも、コミュニティのかたちも、大きく変わってしまったし、今も刻々と変わりつつある。だから学校でも家のつくり方は教えられない。せいぜい家庭科で雑巾の縫い方や調理の初歩を学習する程度で、状況の不安定ななかでは家づくりの指針などには触れられないのである。

ふと気付くと、人々の家に対する欲望の標的は、不動産会社のチラシになっていた。これは夥しく新聞などに折り込まれているので、自然と多くの人々の目に届く。僕らはそこに記されている2ＬＤＫなどという記号から、住空間の分節と意味を教えられ、同時に度はずれた価格を脳裏に刷り込まれてきた。インフレの波に押されるように、さして広くもない間取りに千万単位の価格が付されるようになった。学生時代にこれを見て暗澹たる気持ちになったのを覚えている。

若い頃の一人暮らしは質素である。六畳一間のアパートで、アルバイトをしながら家賃を払い、日々を過ごしている若者に「DK」や「L」の付いた住空間はそれなりにまぶしいが、数千万円という金額の衝撃は小さくない。

「えーと、ちゃんと就職したとして、アルバイトよりずっと給料がよくなって、たとえば、手取り四〇万円もらうとして、節約して月に一〇万円貯金すると一年で一二〇万円貯められる。よしよし。それでこのマンションは、んーと、四〇〇〇万円。うううむ、三十年貯金しても足りない。……」などと、未来を計算して沈鬱な気持ちになった。学生時代に想像するひと月一〇万円の貯金といえばかなりの金額である。一生こつこつ働いてもこの程度の家しか手に入らないのかと考えてがっかりした。

僕が大学院を卒業したのは一九八三年。地価はじわじわと高騰しはじめていた。コピーライターの糸井重里が「今の日本の面白いところは二〇〇〇万円払っても家が買えないところ」と語っていたのを今でも記憶している。この諧謔味のある指摘に、さすが糸井さん、いいところを突くなあと感心した覚えがある。

二〇〇〇万円出しても満足な家が買えない。さあ、どうするかという、人生の価値配分を当時の僕たちは迫られていたのだ。二〇〇〇万円あれば、どれだけ旅ができるだろうか。一回一〇〇万円の大名旅行が年に一度、二十年間できる。高くなった円は、海外で使う方が有利だ。日本のぱっとしないマンションを買って、どこにも行かないでちんまりとした人生を歩むよりよほどダイナミックな生き方ができるかもしれない。よし、もう家なんて一生賃貸でいい、僕は旅を選ぶぞ、とその時に思ったか思わなかったか。いずれにしても価値と対価のバランスが狂いはじめた当時の日本の決まり事にお金を遣う気がしなくなっていたというのは事実だ。冷静に考えても、平均的な住宅機能の取得に一生の稼ぎの大半をつぎ込むなんておかしい。

しかし、不動産バブルの崩壊や、水平飛行の時代を迎えた経済環境の中で、土地や家をめぐる状況も変わってきた。二十年で価格が二倍になる時代には、デベロッパーは金融業の一種であり、限られた土地からいかに効率よく「2LDK」を切り出すかに夢中だった。しかし、そうしたビジネスモデルは終息しつつある。「家」よりも「不動産」として見られていた住まいも、ようやくその「品質」が評価されるようになってきた。東京の地価も下落・沈静化を見せはじめ、徐々にではあるが、平熱で家をつくろうかと考えられる価格になりつつある。

特に、中古の集合住宅を購入し、それをコンクリートの床や壁だけにもどして、ゼロからつくり直す「リノベーション」という方法が、世間に広がりはじめてからは、東京のような都市の家づくりに転機が訪れている。欧州諸国では、街並みの景観保全の観点から、ゼロベースで建築を建て直すことが容易ではないので、家造りの方法としてのリノベーションはむしろ一般的だ。そのための知恵や工夫、そして制度が社会の中に蓄積されてきているわけだが、日本も百年もつような建築が豊富に供給されるようになり、ようやく、その再利用という冷静なムーブメントが起こりつつある。見栄やステイタス表現のためなら大きくてぴかぴかの新品がいいのかもしれないが、用と対価のバランスを合理的に考えるなら、無理をしない範囲でより賢い選択をすればいい。すなわち、長く使う構造体(スケルトン)と、可変性のある内装(インフィル)を分けて考え、良質なスケルトンを吟味して入手し、インフィルを自分の暮らしに合わせて徹底改修すればいいのである。手間さえ惜しまなければ月並みな新築物件を遥かに超える充実した住居になる。

一方では家族のかたちも新しい局面を迎えている。五十年前は四・一人であった平均世帯人数は、今では二・五人。世帯構成のトップは「一人暮らし」で、二位は、「二人暮らし」。上位ふたつを合わせると、全世帯の六割になる。おじいちゃんやおばあちゃんのいる大家族は激減し、子供が巣立ったあとの夫婦二人の世帯や、離婚の増加により独身者の世帯も増えた。この傾向には問題もあろうが、悲観するだけではものごとは前に進まない。この状況をポジティブに捉える視点が必要なのだ。世帯構成の変化は、東京の暮らしに新たな可能性をもたらしている。暮らし方の異なる人々が、皆同じ間取りに住む必要はない。自分の身の丈に合った「住まいのかたち」を自由に構想すればいいのだ。集合住宅の外観は変わらないとしても、その内側にめくるめく多様性を育むことができるなら、それは豊かさでもあるはずだ。

日本人は明治維新以降、西洋文明の影響に翻弄され、関東大震災や敗戦のどん底を経験し、一方では世界にも稀な経済の成長や爛熟を経てきた。現在の日本はもはや均一なサラリーマンの国ではない。人々は自分と社会を応分に見つめ、働き方も、暮らしのペースも、興味も趣味も、ひとりひとりがその個性を自覚しはじめている。時には海外を旅し、異なる文化圏の生活にも触れ、マネーに依拠しない豊かさへの認識も肥やしてきた。欲望の土壌の質が、そこに育つ樹々の勢いや実のかたちに影響すると前に述べたが、おそらくは欧州や北米、そして中国とは異なる生活の質への希求が、今日の日本人には充満しているはずである。それは、繊細、丁寧、緻密、簡潔という伝統の美意識がしみ込んでいる土壌でもある。だから今こそ、そこに種を蒔いて、質の高い「住まいのかたち」を育み、収穫する時なのである。

さて、それではどうやって自分の生き方にぴったり合った「住まいのかたち」を獲得すればいいのだろうか。不動産会社のチラシによって喚び起こされた欲望ではなく、おお、これぞ我が暮らしと、手応え十分に覚醒できるような家をどうやって探し当てたらいいのだろうか。それはさして難しいことではない。目をつぶって「へそ」を指せばいい。自分にとって一番大事な暮らしのへそを、家の真ん中に据えればいいのだ。

たとえば、風呂が好きなら、2DKの風呂のように控えめな位置ではなく、一番日当たりのいい場所に、立派な風呂場を設ければいい。さらに言えば、家全体が風呂のような空間をしつらえてもいい。じめじめした暗い空間ではなく、明るく爽快で、開放的なスパのような居住空間である。トイレや風呂を居間と同様に清潔で気持ちのいい場にできるのは、靴を脱いで家に入る暮らしならではのことであり、先端のトイレや風呂は事実としてそういう方向に進化しつつある。

ピアノを弾きたい人なら、グランドピアノを部屋のど真ん中に据えて、防音壁や遮音床を張り巡らせて、大きな音量で思う存分、ピアノを弾き暮らせる空間を手に入れればいい。ジムのようなエクササイズのできる広い床を備えてみるのも便利かもしれない。時間の制約を受けずに、マイペースでトレーニングができる。

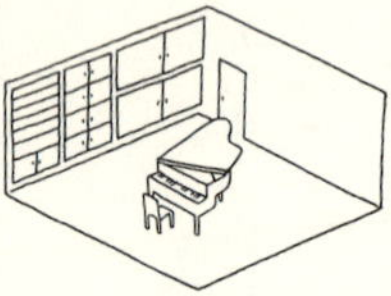

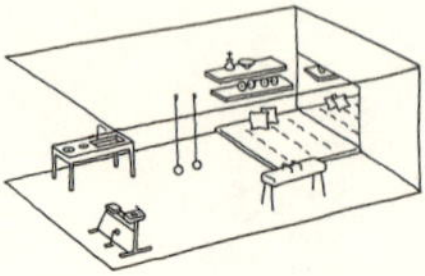

料理好きなら、台所に最大の予算を投じて、食を中心とした家をつくればいい。そして毎日好きなだけ料理を堪能し、客を招いて賑やかに食を謳歌すればいい。家で料理をするので、案外ローコストで贅沢な暮らしが楽しめるかもしれない。台所は世界を探せば驚く

ほどよくできたものがある。ドイツやイタリアのシステムキッチンは値も張るが、ベンツを買う代わりに台所を買えばいい。操作性がよくてパッキンの切れのいい水栓金具を手に入れたなら、水を使うたびに幸せになれる。部屋の中央に調理台を置き、小ぶりのシンクとタワー型の水栓をしつらえれば暮らしは一変する。花瓶に水を入れるために、壁際に花瓶を抱えて歩み寄る必要はなくなり、花瓶をテーブルに置いたまま、上から楽に水が入れられる。花を活けるプロセスが自然と楽しくなる。

本が好きなら、壁という壁を本棚にして、図書館のように本を収蔵し、書物の迷宮に住めばいい。厳選された本に囲まれたなら、落ちついた読書がゆったりと満喫できる。

外にいる時間が長く、ほとんど寝るためだけに自宅に戻るような人ならば、寝室に比重を置き、マットレスや布団を吟味して眠りの質に気を配ればいい。映画館のような大きくて高品質の映像や音響システムを配して、ベッドに横になったまま、映画を堪能できるようにするのも面白いかもしれない。

都市においては、生活のかなりの部分を都市機能にゆだねられる。食の大半を家の外で済ませてしまうような人なら、水栓やシンク、冷蔵庫を、極小コンパクトにまとめて、ソファの脇のサイドボードに納めるのも一興だ。ソファに座ったままでお茶がいれられるし、丸い氷ができる小さな冷蔵庫からさっと氷をグラスに入れてテレビを見ながらハイボールが作れる。

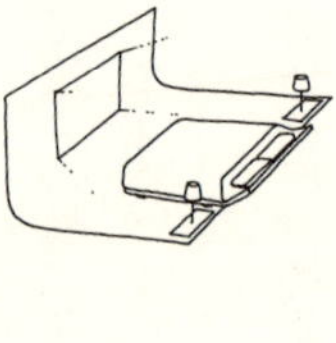

思いつくままに書き連ねたが、それぞれの人々が自分の暮らしの「へそ」を考えれば、家のかたちはおのずと多様性を帯びるはずだ。しかし、ここに記してきたような家はほとんど見たことがない。多くの人々は似たような家に暮らしているのである。だからこそ、そこに手つかずの可能性が眠っている。

知人の建築家やデザイナーで、東京で戸建てに住んでいる人はほとんどいない。中古物件をリノベーションしているか、あるいは賃貸か。彼らの所得が低いわけではない。その方が自然だからだ。家は階段のない平屋に住むのが快適なのだが、東京のような過密都市で、平屋の戸建てを探そうとすると非常な高額になるか、資金はあっても相応しい土地がない。フラットで広いのは圧倒的に集合住宅。しかし、自分のやりたいように直すとなると、新品を壊すのはさすがに抵抗もあるので、すでに建っている物件から相応しいものを探すことになる。また、たたずまいが落ちついているのは、高層建築群が林立する殺伐とした地域ではなく、樹々がこんもりと茂り、住宅地として程よく歳月を重ねた場所なのである。

内需拡大という言葉があるが、需要のリアリティは人々の普通の暮らしから見出されるのが自然だろう。これ以上道路を作ることもダムを作ることもナンセンス。すでにクルマもみんな持っている。不景気なので海外旅行をする気分でもない。

しかし住居が合理的に刷新できることに多くの人々が気付くならどうだろうか。日本人は世界一の預金残高を持っている。それをどう吐き出させ、循環させるかが日本の内需活性化の要点である。すでに建っているスケルトンはそのままに、どんどん、ちょうど「たこ焼き」をひっくり返すように、個々のインフィルを次々と更新していけば莫大な内需が発生する。

人口動態も高齢化に拍車がかかるが、貯金を持っているのは若者ではなく高齢者である。人生経験豊かで目も肥えた大人たちに、そのプリンシプルを具体化すべく「人生仕上げの家」をリノベーションしてもらえばいい。

そういう大きなムーブメントの予兆は見られるものの、世界の経済の停滞を反映してか、日本の住宅需要の動きはまだ緩やかである。この動きを加速させるには、制度とアイデアの両面からのサポートが必要であろう。デザインは構想業であるから、お手伝いできるのは潜在する可能性の可視化である。

持たないという豊かさ

住空間をきれいにするには、できるだけ空間から物をなくすことが肝要ではないだろうか。ものを所有することが豊かであると、僕らはいつの間にか考えるようになった。高度成長の頃の三種の神器は、テレビ、冷蔵庫、洗濯機、その次は、自動車とルームクーラーとカラーテレビ。戦後の飢餓状態を経た日本人は、いつしか、ものを率先して所有することで、豊かさや充足感を嚙み締めるようになっていたのかもしれない。しかし、考えてみると、快適さとは、溢れかえるほどのものに囲まれていることではない。むしろ、ものを最小限に始末した方が快適なのである。何もないという簡潔さこそ、高い精神性や豊かなイマジネーションを育む温床であると、日本人はその歴史を通して、達観したはずである。

慈照寺の同仁斎にしても、桂の離宮にしても、空っぽだから清々しいのであって、ごちゃごちゃと雑貨やら用度品やらで溢れているとしたなら、目も当てられない。洗練を経た居住空間は、簡素にしつらえられ、実際にこの空間に居る時も、ものを少なくすっきりと用いていたはずである。用のないものは、どんなに立派でも蔵や納戸に収納し、実際に使う時だけ取り出してくる。それが、日本的な暮らしの作法であったはずだ。

しかしながら、今の日本の人々の住宅は、仮に天井をはがして俯瞰するならば、どこの世帯もおおむね夥しいもので溢れかえっているのではないかと想像される。率先して所有へと突き進んだ結果である。かつて腹ぺこに泣かされた欲深ウサギは両方の手にビスケットを持っていないと不安なのである。しかし冷静に判断するなら、両方の手に何も持っていない方が、生きていく上では便利である。両手が自由なら、それを振って挨拶もできるし、時には花を活けることもできよう。両の手がビスケットでいつも塞がれていては、そういうわけにもいかない。

ピーター・メンツェルという写真家の作品に『地球家族』と題された写真集がある。これは多様な文化圏の家族を撮影したものだ。それぞれの家族は、全ての家財道具を家の前に持ち出して並べ、家を背景にして写真に収まっている。どのくらいの国や文化、家族の写真が収められていたかは正確に記憶していないけれども、鮮明に覚えているのは、日本人の家財道具が、群を抜いて多かったことである。日本人は、いったいいつの間にこんなにたくさんの道具に囲まれて暮らしはじめたかと、唖然とした気持ちでそれを眺めた。無駄と言い切ることはできないまでも、なくてもよいものたちを、よくぞここまで細かく取り揃えたものだとあきれる。別の言い方をするならば、ものの生産と消費の不毛な結末を静かに指摘しているようなその写真は、僕らがどこかで道を間違えてしまったことを暗示しているようであった。

ものにはそのひとつひとつに生産の過程があり、マーケティングのプロセスがある。石油や鉄鉱石のような資源の採掘に始まる遠大なものづくりの端緒に遡って、ものは計画され、修正され、実施されて世にかたちをなしてくる。さらに広告やプロモーションが流通の後押しを受けて、それらは人々の暮らしのそれぞれの場所にたどり着く。そこにどれほどのエネルギーが消費されることだろう。その大半が、なくてもいいような、雑駁とした物品であるとしたらどうだろうか。資源も、創造も、輸送も、電波も、チラシも、コマーシャルも、それらの大半が、暮らしに濁りを与えるだけの結果しかもたらしていないとするならば、これほど虚しいことはない。

僕らはいつしか、もので溢れる日本というものを、度を超えて許容してしまったかもしれない。世界第二位であったGDPを、目に見えない誇りとして頭の中に装着してしまった結果か、あるいは、戦後の物資の乏しい時代に経験したものへの渇望がどこかで幸福を測る感覚の目盛りを狂わせてしまったのかもしれない。秋葉原にしてもブランドショップにしても、過剰なる製品供給の情景は、ものへの切実な渇望をひとたび経験した目で見るならば、確かに頼もしい勢いに見えるだろう。だから、いつの間にか日本人はものを過剰に買い込み、その異常なる量に鈍感になってしまった。

しかし、そろそろ僕らはものを捨てなくてはいけない。捨てることのみを「もったいない」と考えてはいけない。捨てられるものの風情に感情移入して「もったいない」と感じる心持ちにはもちろん共感できる。しかし膨大な無駄を排出した結果の、廃棄の局面でのみ機能させるのだとしたら、その「もったいない」はやや鈍感に過ぎるかもしれない。廃棄する時では遅いのだ。もしそういう心情を働かせるなら、まずは何かを大量に生産する時に感じた方がいいし、さもなければそれを購入する時に考えた方がいい。もったいないのは、捨てることではなく、廃棄を運命づけられた不毛なる生産が意図され、次々と実行に移されることではないか。

だから大量生産という状況についてもう少し批評的になった方がいい。無闇に生産量を誇ってはいけないのだ。大量生産・大量消費を加速させてきたのは、企業のエゴイスティックな成長意欲だけではない。所有の果てを想像できない消費者のイマジネーションの脆弱さもそれに加担している。ものは売れてもいいが、それは世界を心地よくしていくことが前提であり、人はそのためにものを欲するのが自然である。さして必要でもないものを溜め込むことは決して快適ではないし心地よくもない。

良質な旅館に泊まると、感受性の感度が数ランク上がったように感じる。それは空間への気配りが行き届いているために安心して身も心も解放できるからである。しつらいや調度の基本はものを少なく配することである。何もない簡素な空間にあってこそ、畳の目の織りなす面の美しさに目が向き、壁の漆喰の風情にそそられる。床《とこ》に活けられた花や花器に目が向き、料理が盛りつけられた器の美しさを堪能できる。そして庭に満ちている自然に素直に意識が開いていくのである。ホテルにしても同様。簡潔に極まった環境であるからこそ一枚のタオルの素材に気を通わせることができ、バスローブの柔らかさを楽しむ肌の繊細さが呼び起こされてくるのである。

これは一般の住まいにも当てはまる。現在の住まいにあるものを最小限に絞って、不要なものを処分しきれば、住空間は確実に快適になる。試しに夥しい物品のほとんどを取り除いてみればいい。おそらくは予想外に美しい空間が出現するはずだ。

無駄なものを捨てて暮らしを簡潔にするということは、家具や調度、生活用具を味わうための背景をつくるということである。芸術作品でなくとも、あらゆる道具には相応の美しさがある。何の変哲もないグラスでも、しかるべき氷を入れてウイスキーを注げば、めくるめく琥珀色がそこに現れる。霜の付いたグラスを優雅な紙敷の上にぴしりと置ける片付いたテーブルがひとつあれば、グラスは途端に魅力を増す。逆に、漆器が艶やかな漆黒をたたえて、陰影を礼讃する準備ができていたとしても、リモコンが散乱していたり、ものが溢れかえっているダイニングではその風情を味わうことは難しい。

白木のカウンターに敷かれた一枚の白い紙や、漆の盆の上にことりと置かれた青磁の小鉢、塗り椀の蓋を開けた瞬間に香りたつ出し汁のにおいに、ああこの国に生まれてよかったと思う刹那がある。そんな高踏な緊張など日々の暮らしに持ち込みたくはないと言われるかもしれない。緊張ではなくゆるみや開放感こそ、心地よさに繋がるのだという考え方も当然あるだろう。家は休息の場でもあるのだ。しかし、だらしなさへの無制限の許容がリラクゼーションにつながるという考えは、ある種の堕落をはらんではいまいか。ものを用いる時に、そこに潜在する美を発揮させられる空間や背景がわずかにあるだけで、暮らしの喜びは必ず生まれてくる。そこに人は充足を実感してきたはずである。

伝統的な工芸品を活性化するために、様々な試みが講じられている。たとえば、現在の生活様式にあったデザインの導入であるとか、新しい用い方の提案とかである。自分もそんな活動に加わったこともある。そういう時に痛切に思うのは、漆器にしても陶磁器にしても、問題の本質はいかに魅力的なものを生み出すかではなく、それらを魅力的に味わう暮らしをいかに再興できるかである。漆器が売れないのは漆器の人気が失われたためではない。今日でも素晴らしい漆器を見れば人々は感動する。しかし、それを味わい楽しむ暮らしの余白がどんどんと失われているのである。

伝統工芸品に限らず、現代のプロダクツも同様である。豪華さや所有の多寡ではなく、利用の深度が大事なのだ。よりよく使い込む場所がないと、ものは成就しないし、ものに託された暮らしの豊かさも成就しない。だから僕たちは今、未来に向けて住まいのかたちを変えていかなくてはならない。育つものはかたちを変える。「家」も同様である。

ものを捨てるのはその一歩である。「もったいない」をより前向きに発展させる意味で

「捨てる」のである。どうでもいい家財道具を世界一たくさん所有している国の人から脱皮して、簡潔さを背景にものの素敵さを日常空間の中で開花させることのできる繊細な感受性をたずさえた国の人に立ち返らなくてはいけない。

持つよりもなくすこと。そこに住まいのかたちを作り直していくヒントがある。何もないテーブルの上に箸置きを配する。そこに箸がぴしりと決まったら、暮らしはすでに豊かなのである。

日本の家を輸出する

日本の家を輸出する。こう言うと狭くて画一的な住居が世界の人々の興味を引くだろうかと怪訝に思われるだろう。しかし可能性は常に意外性の中にある。玄関で靴を脱ぐ暮らし方は、身体と環境界面が直に触れ合い、対話する未来型の住環境として大きな可能性を持っていると考えられる。また、住空間を自分の暮らしに合わせて自在に作り直そうという今日の気運は、日本の伝統とハイテクを掛け合わせたユニークな住環境の出来を予感させるのだ。

日本は夥しい工業製品を生み出し輸出することで工業大国としての地位を築いてきた。しかし工業生産が広く拡散していく東アジアに、これから輸出していくのは、冷蔵庫やエアコンではない。それは3Dテレビでもインテリジェントフォンでもない。むしろ東アジアで安く作られるそれらの国内への流入をくい止めるのが精一杯かもしれない。しかし家そのものがハイテク家電化したような、先端技術と住まいが合体したような製品なら日本は優位にその可能性を見出せるはずだ。家は今日、テクノロジーによって制御されはじめている。今後はさらにその度合いが増していくだろう。

再生可能エネルギーの効率的な利用については、先進国はこぞって研究を進めている。太陽光にしても、風力にしても、地熱やバイオマスにしても、これをいかに合理的に取り出し管理・保存・流通させていくか、技術はその方向に急速に進化しそうである。太陽光発電や、余分なエネルギーを熱に変えて再利用するコジェネレーションなどのシステムに、日本は早くから取り組んできた。自然のエネルギーを上手に取り入れて運用するパッシブハウスの研究も徐々に実用の方向に向かいつつある。電気自動車や蓄電池などの技術も世界の先端を走っていると考えていい。また、日本は通信で制御された送電システムを誇っており、停電などのトラブルには強い。家がテクノロジーによって制御されるようになれば、その分野においても先頭に立てるはずだ。現在は東日本大震災によって苦境に立たされている日本であるが、これは潜在させてきたエネルギーや環境への技術を飛躍させていく契機と考えた方がいい。

家そのもののハイテク化、スマート化はどんどん速度を増している。にょきにょきとスピーカーが乱立するようなこれ見よがしなホームシアターがひと時あざとい姿を見せていたが、今後はおそらく、どこにスピーカーがあるか分からないような、空間全体がひとつの完結した音響空間になるようなものへと移行していくだろう。テレビも、今は大きくフラットなモニターが壁に貼り付いているけれども、やがては壁の中に収まっていくことになるだろう。そうでなければ、オブジェクトとしてより存在を主張するようになるかもしれない。いずれにしても現在のような中途半端なかたちではなくなるはずである。照明器具は天井化し、テレビや通信機器は壁化していき、環境は静かに人や身体と交感を始めるのだ。

もしも、床にデリケートなセンサーが装着されたらどうだろう。玄関で靴を脱いで部屋に上がる暮らし方は、床すなわち環境界面と身体が直に触れ合うということを意味する。人間の身体は情報のかたまりである。血圧、脈拍、体重、体温など、多様な身体情報を感知できれば、身体は床を介して環境と対話を始め、人と人は住居を介して意思の疎通を行うことができるようになるかもしれない。導電性の繊維がすでに開発されている昨今であるから、スイッチやキーボードが硬いものである必然性は薄まりつつある。そんな先端繊維がセンサーをたずさえてカーペットになったらどうだろう。暖房器具と化した床はすでにあるが、監視機能の付いた床も登場するかもしれない。病院での検査のほとんどが身体情報の検知であるとするならば、人々の身体は家を介して病院とつながり、常に医療サービスにケアされるということも可能である。モラルの問題やプライバシーの問題を別にするなら、離れて暮らす人の消息や健康状態を、電話やメール以外の方法で把握することもできるようになるかもしれない。これは決して荒唐無稽な話ではない。

勿論、そこまで未来を前倒しにしたような話をしなくても、照明のシステムや、台所の調理システム、空調や風呂の温度管理など、先端技術が家を進化した家電へと生まれ変わらせようとしている傾向は明らかで、その先端に日本があると考えていい。パソコンのOSや検索エンジンの開発などでは米国に遅れを取った日本であるが、家をインテリジェント化していく領域、すなわち繊細な技術を日常空間化していく方向なら得意分野でもある。モーターショーならぬ、情報を満載した「家のエキジビション」が、豊富な具体事例を目の前に展開できるなら、希求水準の成熟したユーザーたちは旺盛にこれに反応してくれるはずだ。それを具体化できる建築やデザインの才能に日本は事欠かない。

さらに、活発化してきたソーシャルメディアを、これらの動きに上手に寄り添わせ、欲しい情報が手早く手に入り、個人的な相談にも気軽に応じてもらえるような仕組みを整備していくならば「住まい」という果実の収穫は、案外とうまく運ぶかもしれない。

最近ではこんな話も聞いた。UR（都市再生機構）のノウハウが中国に生かせるということ。URはかつての日本住宅公団であるが、経済成長期の中堅勤労者層への住宅供給という役割は終わり、現在では、すでに建っている団地をより品質の高い住宅へと生まれ変わらせつつ、所得が下降する高齢者層に住まいの安定供給をはかることへと移行している。なんだかせつない話であるが、国には直面している課題があるのだ。ただし、URの住宅計画を見ると意外に面白い。「減築」と称して階層を低層化することで新たにルーフテラスを確保したり、垂直あるいは水平に壁や天井をくり抜いて広い間取りを考案したり、階段しかない住宅にエレベータを設けたり……。古い団地の再生には高度な工法が用いられている。しかも研究を重ねてきた成果として、コミュニティ施設を絶妙なポイントに配したり、設備配管を外部化してメンテナンス性を向上させたり、勾配屋根を設けることで景観にアクセントを加えて、単調ではない魅力的なスカイラインを作り上げたりと、その改修事例は、以前の公団住宅とは思えない充実ぶりなのである。官僚の天下り先として厳しい視線を浴びている都市再生機構ではあるが、内実は堅調にいい仕事をしている。

ひるがえって中国は爆発的な都市化が予測されているだけに、早急な住宅供給の方法を講じていく必要に迫られている。中国の富裕層についてはよく話題に上るが、中国の人々の平均所得は日本人の一〇分の一。所得水準の向上が見込まれるそれらの中堅労働者層こそ、中国という未来の超大国のリアルな現実をなしているのである。中国政府が彼らへの住宅を計画する際に、どこに有効な参考事例があるだろうか。それは言うまでもなく日本である。首都圏だけでも一〇〇〇近くの団地と、戸数にして四〇万戸を超える住宅供給を実現し、それを継続管理している日本の都市再生機構のノウハウは、まさに希有な先行事例なのである。

温家宝首相が日本を訪問した際、日本の環境技術に期待していると話していたが、これはあながち外交辞令だけではないはずだ。堅実な都市環境を作っていくには、都市のインフラがきちんとしていなければならず、おそらくは、急速な都市化に対応する適切なエネルギー供給システム、廃棄物の処理や資源再生のメカニズム、そして住居建築や住宅都市計画などの実践的な局面で、日本はその期待に応えることができるはずである。

北京や上海など、中国の諸都市では、諸外国の建築家が、急速な中国の都市化を前提に様々な開発案をプレゼンテーションする展覧会を開いている。僕もそのいくつかを見たことがあるが、いずれも尋常ならざる開発規模を前提に、荒唐無稽なプランを実現しようというやや空想的な、別の意味では建築的野心が鼻につくものが多い。実際のところ、数十万人規模の住宅供給を実現している事例は、世界を見渡してもどこにもない。日本をおいて他にはないのだ。これまでの住宅供給の実績を丁寧に反芻しながら、その経験や反省の上に立ち、そこに今日の先端技術や環境技術を加味していくなら、堅実で実践的な住宅開発のヴィジョンを携えて、この巨大な隣国の旺盛なる都市の成長に協力できるのではないかと思う。

日本人は今日、自分たちの生き方にあった住まいのかたちを手にする気運を持ちはじめている。同時に、靴を脱いで入る住環境は身体と環境の新たな対話性を生み出そうとしている。また、巨大規模の都市構想のハードとソフトの両面で堅実なコンサルテーションができるのだ。アジアの生活文化を「家」を介してリードできる可能性がここにある。

インドもまた、日本と同じように靴を脱いで家に上がる。これは案外知られていないが、アジアに本気で向き合うつもりなら知っておくべき事実かもしれない。

4

観光——文化の遺伝子

日本の見立て方

その国独自のもてなしと食の饗応を基本とした宿泊施設で、西洋式の高級ホテルより高い対価を設定できるサービスの形式を持つ国は、世界広しといえど日本をおいて他にはない。最近ふとそこに気付いた。インドや中国にも驚くべき宿泊サービスが存在するかもしれないが、仮にそういうものがあったとしても、日本の旅館ほど一般化してはいないはずだ。旅館のもてなしは、型にはまっていて窮屈な面もあるが、日本人に限らず日本を訪れる異国の人々にも根強い人気がある。独自の文化に根ざしたもてなしのかたちが、今日でも広く支持されている事実を冷静に考えると、その先に、これからの日本の産業の一翼を担っていく観光のかたちやその未来を、おぼろげに想像することができる。

さて、ここからしばらく、観光やホテルの話をしようと思うが、その前に少し桂離宮の話をしてみたい。桂離宮は、日本と西洋を相対化あるいは連続化する指標として語られてきた。それはローカルな価値とグローバルな価値が交差する場所に置かれた美意識の特異点のようなものだ。その特異性を把握することは、そのまま日本の美意識資源の独自性と可能性を理解することにつながると思うのである。

桂離宮は十七世紀に作られた、八条宮家の別荘である。書院造りを基本としながら数寄屋の要素をも加味した、つまり武家によって見出された簡素の美に、貴族風の洒脱、すなわち洗練の軽みへとぬけていく、いわば静と破をバランスさせる絶妙な建築で、現存する伝統美の規矩として日本人の心の一角に座を占め続けている。一方で、モダニズムの視点から眺めても、際立った美的ランドマークとして異国の目利きの関心を引きつけてやまない。そんな桂離宮だが、話はその建築や造作に関する蘊蓄ではない。これが被写体となった、写真と写真集をめぐる逸話である。

二〇一〇年の春に写真家、石元泰博の写真集『桂離宮』が出版された。石元泰博の桂離宮の写真集はこれで四種類が出たことになる。元になる写真は、一九五四年に撮影されたモノクローム版と、一九八一年に撮影されたカラー版の二種類であるから、ひとつは六十年近く前、最新のものでも三十年前の写真になる。それだけの時間を経てもなお輝きを失わない視点が、一連の写真には示されている。これらがいかに撮影され、またいかにレイアウトされ書籍化されたかという経緯は、桂離宮、ひいては日本の美意識が、西洋のモダニズムとの接触の中で、どのような認識の覚醒を呼び起こしてきたかを考える上で示唆に富んでいる。

最初の写真集は、一九六〇年に上梓されたもので、おそらくは同年に日本で開催された「世界デザイン会議」に関係づけて世に出されたものであろう。書籍デザインとレイアウトは、バウハウスで学び、教壇にも立ったハーバート・バイヤー。寄稿者は丹下健三と、バウハウスの創始者ワルター・グロピウスであった。書籍編集の主格である丹下健三は、西洋近代の明晰な目を用いて、日本の美の普遍性を顕在化させようとしたのかもしれない。この書籍はハーバート・バイヤーによる縦長あるいは横長に大胆にトリミングされた写真と、潤沢な余白との共鳴によるレイアウトの妙に特徴があり、書院群の外観などは茅葺き屋根が大胆に切り取られ、まるでモンドリアンの絵のように精妙に配された格子的秩序が際立って見える。すなわち桂離宮は、日本で発見されたモダニズムのひとつの理想として扱われているのである。

二冊目の写真集は、一九七一年に亀倉雄策がレイアウトを修正した、いわば改訂版で、寄稿は丹下健三のみ。前書にみられた端的に西洋的な切り口を日本流に仕切り直そうとする意図が感じられ、それがレイアウトや造本に読み取れる。最初の本が桂垣で始まり襖の引き手で終わっているのに対して、二冊目は竹林に始まって竹林に終わる。ただしこの竹林は桂のものではなく嵯峨野の竹林であると、二〇〇八年の内藤廣との対談で写真家本人が語っている。

三冊目の写真集は一九八一年撮影のカラー版で、大改修を経た後の屋内の様相をとらえた写真が充実している。磯崎新の寄稿文は先の写真集で捨象された桂の全体性を回復すべく意図されている。レイアウトはほぼノートリミングで、四×五フィルムでとらえたオリジナル写真のプロポーションを生かしている。苔や木々の緑がしっとりと現れてくる分、抽象性が後退し、自然で柔らかいたたずまいが表出している。書籍デザインは田中一光、レイアウトは太田徹也。

四冊目は初期のモノクローム写真を主とした復刻版的なものだが、書籍デザインとレイアウトは太田徹也で、序文は内藤廣が書いている。最初のバイヤーのような大胆なトリミングを控え、徹底してオリジナル写真を尊重した仕上がりは、写真本来の息づかいを伝えて、鳥肌が立つ。

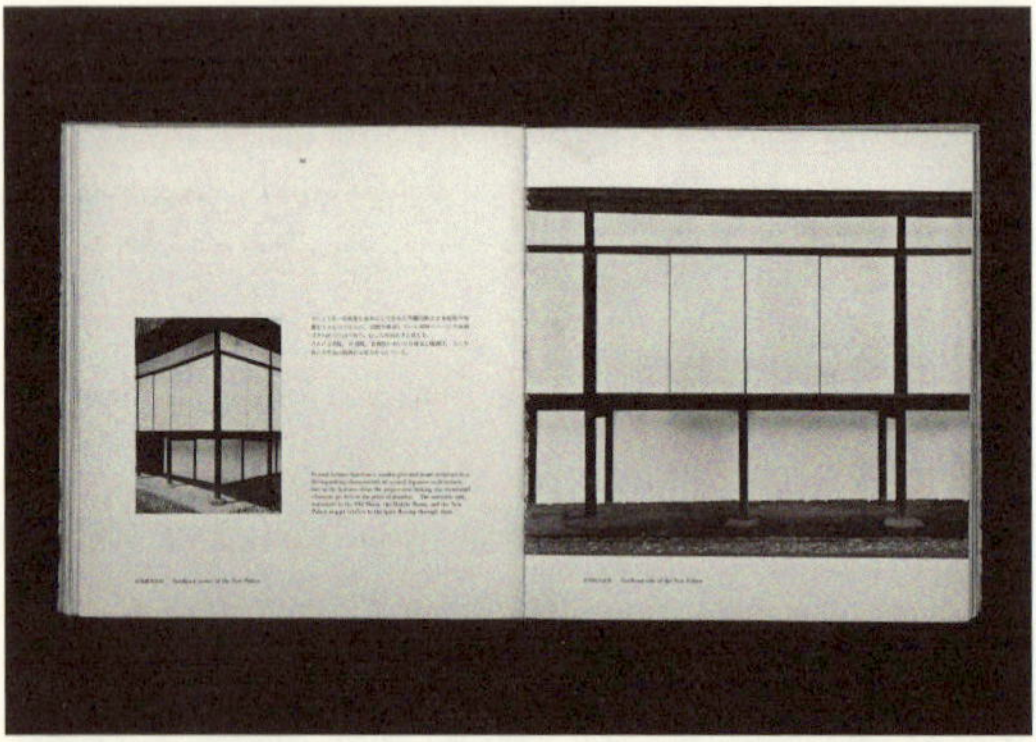

上：一九六〇年に出版された『桂』　ハーバート・バイヤーによるレイアウト
下：二〇一〇年に出版された『桂離宮』　太田徹也によるレイアウト

これらの書籍を眺めてみると、石元泰博の目に映じた桂離宮を介して、日本というもののとらえ方の多重性が興味深く浮かび上がってくる。

石元泰博はサンフランシスコに生まれ、三歳で両親と日本に戻り、高校を出るまで高知県で過ごした。高校卒業後に単身で渡米するも、帰米二世として第二次大戦中はコロラド州の日系人収容所で過ごす。そこで写真と出会い、やがてシカゴで本格的に写真を学ぶ。最初に購入した造形関係の書物が、モホリ＝ナギの『ヴィジョン・イン・モーション』や、ゲオルグ・ケペシュの『視覚言語』、つまり当時の先駆的、実験的な視覚デザイン研究書であったというから、生来の才能の傾向がそちらを向いていたようで、シカゴではモホリ＝ナギが渡米後に開設した「シカゴ・インスティテュート・オブ・デザイン(通称ニュー・バウハウス)」の写真学科に入学している。そこで構成的な視点で世界を見る写真家としての基礎を身につけ、一九五三年に卒業している。ニュー・バウハウスは、モホリ＝ナギの死を契機にイリノイ工科大学に併合されるが、イリノイ工科大学そのものも、バウハウス最後の学長を務めた建築家、ミース・ファン・デル・ローエがシカゴに開設した教育機関であった。したがって、石元泰博はバウハウス直系のモダニズム教育を経て写真家となったのである。

ニュー・バウハウスを卒業し、日本に戻って活動を始めた石元泰博は、人に勧められて桂離宮を撮影することになるわけだが、その目に映じた桂離宮は、ミース・ファン・デル・ローエの典型的なビル建築「レイクショア・ドライブ」と重なって見えたという。学生時代に歪みを直すあおり補正の撮影の訓練台にしたという端正なカーテンウォールに覆われた近代建築と、桂離宮の構成を連携させる目。そしてその根底を流れるのは日本人の感性である。ここにまさにその後の状況に先駆する視点が準備されていた。すなわち西洋モダニズムを経由して日本を見通すまなざし。石元泰博はそういう目を携えた写真家であり、最初のモノクロームの写真にはその目に映った桂離宮がとらえられている。

和室の構成の中に潜む優雅な秩序を、リズミカルな数理の連続のようにとらえた構成的な写真は、現実の桂離宮そのものよりも数段水際立って見える。「簡潔さ」は、この写真においては不思議なほどモダニズムに共鳴し、まるで江戸初期の日本にモダニズムが予告されていたかのように見える。現実の桂離宮は、この写真に比するとずっと揺らぎが多く、趣味も拡散的である。二度目の撮影はそういう意味において、初期の写真と補完的関係にある。

日本の伝統と西洋のモダニズムを相対化しつつ、連続させていく思考は、石元泰博の桂離宮の写真を媒介して鮮明に示された。この写真集が、歳月を経ても更新され続け、イメージの指標とされ続ける理由はそこにある。

元来、日本文化は近代ヨーロッパ諸国の文化とは大きく異なると感じられてきた。政務の中枢にいた武士は、髷《まげ》を結い刀を腰に差し、袴をはき裃を着けていた。足の親指と第二指の間に履物の中心があり、布団や座布団で身体のリラクゼーションを得る。そして、欧州の近代化に遡る三百年も前に、簡素を基本とする究極のミニマリズムを運用することでイマジネーションを自在に差配する技術を生み出し、茶の湯や立花、作庭、連歌、建築や調度、そして能や舞踊において、独自の国風化を進めてきた。さらに三百年に及ぶ鎖国によって、そこに一層の成熟と洗練を加えたあとにおいては、その文化的個性はとまどいを覚えるほどに突出して自覚された。オランダも、スペインも、イギリスも、アメリカも、フランスも、個々にオリジナリティはあるが、日本と比べるなら、それらは皆同じといってよいほどに類似していた。

したがって明治の文明開化を経て西洋近代と対峙するとき、日本固有の文化をそのまま維持することは容易ではなかった。すぐにも着物を脱いで、草履を靴に履き替え、髷を切って散切り頭をたたいて文明の先端に加わりたいという焦燥感は誰も否定することはできない。しかし時間がたつにつれ、揺り戻しが起こる。感覚の奥底にたたえられている文化の遺伝子は強靱である。

谷崎潤一郎が『陰翳礼讃』で語っているように、もし文明開化が技術のみの導入で、生活文化のかたちまで受け入れることをしなかったなら、日本はもうひとつ別の維新を実現できていたのではないか、という呵責を抱いて、日本人は維新以後を生きてきた。その呵責の遍歴こそ日本文化の近代化の足跡であり、その中に、石元泰博の「桂離宮」が、ぽつりぽつりと現れた。それは西洋モダニズムと日本文化を直感的に連続させる視点から、桂離宮に内在する普遍を射貫いた写真である。特に初期のモノクロームの写真は、グローバルな文脈であればこそ輝く、日本のかたちが集約されているように思う。写真集の更新は、その視点の命脈が今日においても旺盛な覚醒力を保ち続けている証である。

月見台から月を眺めた往時の日本人。僕らは今、その月見台を撮影した写真を通してその美に思いを通わせる。美意識は針の穴からでも蘇生していくのである。

複眼の視点

中国の杭州で、完成したてのホテル「アマンファユン」を訪れる機会があった。杭州は歴代中国王朝の中でも最も芸術文化に洗練を見せたといわれる南宋の都があった街で、現在でも往時の繁栄の残り香を漂わせている。西湖という大きな湖は、南宋の水墨画そのものの茫洋たる景観を今日にとどめ、早朝ともなれば靄にかすんだ湖岸に老人たちの太極拳ののゆったりした動きが溶けるように重なる。西湖の景観を巧みに取り入れた建築の風情や、食卓に供される白磁の落ちつき、そして時折見かける典雅な墨跡など、随所に文人の名残や消息を感じさせるのである。

この街の郊外に、かつて茶畑を耕していた村落をそのまま転用したような高級リゾートホテルができた。茶畑や竹林を含むこんもりとした緑に覆われたホテルの敷地は一四ヘクタール。四二棟の客室はいずれも古民家をそのまま改造したものでひとつとして同じものがない。そこに高速インターネットや視聴内容が自由に選べるテレビやオーディオがさりげなく、しかし精度よく配されており、家具調度は中国風ながらも居室としては現代的な快適性が確保されている。古民家の棟が連続的に重なるスパゾーンも、漢方医学に準拠した施術としつらいである。敷地内にあるティールームは、古くからこの地にあるものをそのまま存続させており、この地の銘茶「龍井」をはじめ各種のお茶を、伝統的な空間や茶器とともに楽しむことができる。建物のそこここには瀟洒な竹細工の鳥籠が並び、鳥のさえずりが時折、木々を揺らす風に混じる。朝になると、中華レストランの厨房から蒸し器の湯気がもうもうと立ち上って空に消える。広大な敷地は全て、丁寧に敷設された敷石の道でつながり、散策の情緒を足下から演出している。これが「アマンファユン」である。その土地の風土や伝統、調度やもてなしの作法をホテルの資源として取り込んでいくアマン流の手際を、この中国の古都においても感じることができた。決して派手ではないが、吟味された上質さが積み重なって、記憶にぬぐいがたい印象を刻む。

日本の美意識が未来資源であるとするなら、それを観光という産業の中で具体的にどう生かすか。そのひとつの事例として参照してみたいのが、シンガポール育ちのインドネシア人エイドリアン・ゼッカが生み出したホテル群「アマン・リゾーツ」である。アマンは、西洋流のオペレーションを基本としながらも、一方ではその合理性を否定するアンチホテルとしての独自の運営哲学で、リゾートホテルの考え方に新たな潮流を生み出してきた。その特徴は、ホテルが存在する土地の景観、風土、伝統、様式といったものを丁寧に活用し、文化の最上の収穫物のひとつとしてホテルを構想・運営しようとする姿勢である。

アマン・リゾーツの最初のホテルは一九八八年にタイのプーケット島にできた「アマンプリ」である。現在では、ブータン、カンボジア、フランス、仏領ポリネシア、インドネシア、インド、モロッコ、フィリピン、スリランカ、タイ、タークス・カイコス諸島、アメリカ合衆国、中国などに二四の小規模リゾートホテルを展開している。「アマン」とは平和を意味するサンスクリット語で、土地ごとのテーマを織り込んだ短い言葉を付加して各地のホテルの名称としている。ちなみに最初の「アマンプリ」は「平和な場所」という意。いずれも客室は、独立したヴィラを単位とし、五〇室以内と数は少なめで、その分だけ客室に関わる人員を数多く配している。

高級リゾートホテルの経営は、ワイナリーの経営などと同様、利益を確保しつつも理想郷の実現をめざすという、実業と芸術の境界にポイントがある。美と経済に精通していなければできない、針の穴をくぐるような、紙一重の感覚的な投機の連続技なのである。その成否は、宿泊に関係するあらゆる営みの一瞬一瞬に、非日常の喜びと充足をいかに鮮烈に表現し顧客に差し出せるかという点、そしてその結果として投資に見合う対価を喜んで顧客に支払ってもらえるかという点に尽きる。特色ある文化やしたたるような自然環境に触れる興奮を、どれだけ見事に収穫できるかが肝要なのだが、さらに言えば、そのサービスによって、顧客のリゾートに対する欲望のかたちそのものを変容させ、異境や異文化への興味を加速的に深めていくという、まさに欲望のエデュケーションがこのビジネスの本質でもある。

西洋人は、大航海時代や植民地時代の昔から、文明から遠く隔たった異境に、洗練を極めた居住や食事を持ち込んで楽しみたいという欲望を育んできた。サハラ砂漠や南米はアマゾンの流域、あるいは野生動物に満ちたケニアのマサイマラのような異界で、白いテーブルクロスのかかったダイニングテーブルに向かい、フォーマルな制服に身を包んだ給仕にワインを注がれつつ最良の欧州料理を楽しむというような、傲慢さと隣り合わせの愉楽を、文明の優位とともに肥大させてきたわけである。しかしこうした辺境に西洋文化を持ち込むリゾートに人々はもはや感動しない。世界は文化の多様性に満ちており、それらの絶妙なる配合に敏感なアンテナを振り向ける人々が増えているからである。

エイドリアン・ゼッカは、かつては『LIFE』や『TIME』誌などの極東支配人として仕事をしており、世界の富裕層のライフスタイルや嗜好を自身のビジネス感覚の中に織り込んできた人である。それだけに、西洋の限界とアジア文化の可能性に敏感であった。

ホテルの品質は、建築やインテリアに集約されるものではない。もちろんそれも重要だが、大事な点は他にある。それはまさに「経験のデザイン」とでも呼ぶべきものであり、ホテルで過ごすあらゆる瞬間、あらゆる刹那をパイ皮のように積層させることで完成されていく「もてなしの織物」である。

ホテルの風評に触れる時が、人とホテルの最初の接触点だとすると、経験のデザインはそこから始まる。アマン・リゾーツは広告をしない。したがって宿泊客が発する感想や、丁寧な取材を行う雑誌などが未来の顧客にとっての情報ソースとなる。ホームページは最小限に作られており、ネット環境にわずかに開いた隙間のようだ。少量だがイメージを広げる余地のある風評や情報を糧に訪れた来場者は、期待で胸がはち切れそうになりながらホテルのエントランスに到着する。すでに経験のデザインがここに起動している。

どんな姿の従業員がいかなる物腰で対応し、客はどこに導かれ、どんな家具に腰を下ろすのか。そこに運ばれてくる飲み物はどんな器、どんな間合いで供され、何を予感させるものであるのか。チェックインはどんな雰囲気で進み、どんな書類にいかなるペンで何を書き込むのか。部屋に通される前に渡されるのはどんなホルダーがついたいかなる形状のキーであるか……。

エントランスからキーにたどり着くわずかの間にも、微細な経験が無数に織り込まれていく。やがて、手入れの行き届いた庭や小道を通って客は自分のヴィラへと進むわけだが、部屋にたどり着く行程にも当然のことながら夥しい経験の結節がある。部屋についた客は、一息つくと、おもむろにキャビネットのドアを開け、上着をぬいでハンガーを取り出しそこにかけるだろう。あるいは冷蔵庫から冷えた飲み物を取り出して備え付けのタンブラーに注いで一口飲むかもしれない。その一瞬一瞬に何かがさりげなく待機していなくてはならない。ハンガーを手にした時、冷蔵庫を開けた瞬間、栓抜きを探す一瞬、そしてタンブラーの下に敷くコースターに目をとめた刹那に、もてなしの機会がある。

環境を生かした素晴らしい建築も、景観に溶け込む静かなプールの眺望や、めくるめく食の饗応もスパの愉楽も、そのような緻密なサービスの積層の上に機能することによって、忘れられない印象として人々の心の底に落ちていくのである。

花を活けるというのは、空間に気を通わせるということである。空間とは壁に囲まれた容積のことではない。意識を配して、配慮の明かりが点灯している場所のことである。何もないテーブルの上にぽつりと石を置くと、そこに特別な緊張が発生する。その緊張を介して人は「空間」にふと気をとめる。このように、施設の内に小さな蠟燭を灯すように、ぽつりぽつりと意識が灯されて空間になっていく。花を活けるというのはそういう行為である。造形そのものもさることながら、心の配信が空間に生気を生み出すのである。

目を凝らしてアマンを観察するならば、その背後に日本がおぼろげに見えてくる。かつて京都に滞在していたことのあるエイドリアン・ゼッカは、自身でも日本の旅館に影響を受けたことを語っている。花の配し方に限らず、サービスをさし出す間合い、あるいは庭や水を介して自然を呼び込む技術など、日本の一流旅館にみられるもてなしが、かたちを変えて備わっている。

アマンは二四ものホテルを世界中に展開するに至ったが、客室の総数はラスベガスの大型リゾートホテル一つ分にも満たない。それだけきめ細やかに、経験のデザインが装着されているのだ。日本文化は幾度となく、世界の文脈にこれを生かそうとする国際人の目によって再発見されてきた。ゼッカもその一人だ。工業国を卒業し、観光という柔らかな価値を差配していく領域へと、日本はゆるやかに産業をシフトしなくてはならない。アマン・リゾーツは、そのひとつの先行事例と見ることができる。

時代は今、アジアの台頭へと急速に動いている。リゾート産業を支える顧客も、徐々にアジア人の比率が高まることが予想される。アジアの人々は欧米人のように長い休暇をとらない。また自然に対する親しみ方も異なる。新たな状況の中で、リゾートホテルへの欲望を今後どのような方向に導くことができるだろうか。

長い間、アジア唯一の経済大国として独自の道を歩んできた日本ではあるが、アジア諸国の経済の台頭と活性によって、自身の相対的価値をあらためて見つめ直す複眼の視点が今、求められている。日本のあのホテルに行ってみたか、と世界中でささやかれるような、そういうホテルの出現が待たれているはずである。

「龍井茶」の村の風情を残す敷地と白磁が配された室内。
アマンファユン(杭州・中国)

アジア式リゾートを考える

「リゾート」とは保養とか行楽の意であるが、語源には「しばしば行く」というような意味がある。転じて保養や行楽になるということは、人を引きつけてやまない愉楽の本質にイメージの根を持つ概念である。世の中が少しばかり豊かになると登場してくる言葉であるが、重ねて行きたくなるような潤いのある息抜きのかたちとでも言おうか。かつて香港のデザイナー、アラン・チャンと話していた折に、衣食住の次にくるのは「休む」ではないかと僕が言うと、彼は自分なら「行く」であると語っていた。狭い香港の人たちにとっては、そこから抜け出して好きなところへ羽ばたきたいという欲望が潜在的にあるのだという。逆に日本は、高度成長以来走り続けてきて、少し疲れが出はじめているのかもしれない。

休むにしても行くにしても、要は「リゾート」である。これが衣食住の次にくる切実な概念だとすると、差異のコントロール、あるいは欲望のエデュケーションを標榜するデザインがこれを見逃すわけにはいかない。そこには大きな価値や経済の資源が眠っているように思われるからである。

さて、アジアの人々にとってのリゾートとは何だろうか。大航海時代から植民地時代を経て、広く世界に乗り出した西洋人は、文明から遠く隔たった大自然や異文化の景観の中に、粋をつくした自らの文化を再現し、それを堪能したいという強い希求を携えていた。たとえば天然ゴムの集散地として栄えたアマゾン川中流域のマナウスという街には、使われなくなったオペラハウスが今も残っている。まさにつわものどもが夢の跡。途方もないコストと手間暇をかけて異境で夢を果たそうという欲望のエネルギーの痕跡をそこに感じる。アフリカにおけるサファリにしてもそうだ。サファリとはスワヒリ語で旅のことらしいが、英語では狩猟。野生動物で溢れていたアフリカ大陸に猟銃を持ち込んで奔放にぶっぱなし、キリンやサイを間近に眺めながら、白いテーブルクロスと制服のウエイターを携え、最良の料理を上等のワインとともに楽しんでいたのも西洋人である。

今日の価値観からすると不埒ともいえる放蕩や享楽に至福を感じる感覚が、長い間「リゾート」というものの価値観の底流をなしてきたように思われる。言わば強者のリゾート観。単なる保養ではない。力を行使できる者たちの欲望のかたちである。富をなし、夢を実現するまでには冒険がつきものだし、リスクに心身をすり減らす試練も味わったかもしれない。だから強者のリゾートには蕩尽と頽廃の影が見え隠れする。破滅に向かってアクセルを踏み込む危険と隣接した恍惚とでも言おうか。異境の中に開花したリゾートは、そんな西洋人たちの欲望の痕跡でもある。だからアジアの視点からリゾートを考えるなら、西洋式リゾートの表層をなぞるだけではつまらない。

それにしても今日のリゾートホテルは画一的だ。「幸福のかたちはどれも似たようなものだが、不幸は様々に不幸だ」というのはトルストイ『アンナ・カレーニナ』の冒頭であるが、類型にはまる安心感が愉楽に通じているのだろうか。降り注ぐ陽光。広いプールに日よけパラソルと寝椅子。椰子の木と白い波頭。素晴らしい眺望の上にしつらえられたレストラン。そして異国情緒を加味した西洋式料理。非日常のなかに約束された安心と憩いの一本道。

ハワイ群島、タヒチ島、バリ島、プーケット島、セイシェル諸島、モザンビーク、カナリア諸島……。太陽があふれ、いい風がそよぎ心地よい水と大気に満ちている。そんな場所に、贅沢なリゾート施設が数多く造られてきた。それぞれに独自の文化があり、歴史があり、ところによっては植民地主義との軋轢、あるいは内乱を含む独自の葛藤をその歴史に刻んできた場所でもあるが、リゾートとして発信されるイメージやサービスから負のイメージはきれいに払拭されている。

太平洋の真ん中にあるハワイ群島は、米国が先住民族から奪い取ってリゾートパークと化した場所でもある。しかしここに降り立つとそういう歴史を忘れてしまう。ウクレレや甘いエレキギターでこの土地の音楽を聴き、フラの動きに感覚をゆだねると、気持ちの深奥が溶け出すのがわかる。現地語の、特に名詞は音韻的に感覚を弛緩させるような響きを持っており、「アラモアナ」「ハレクラニ」「フラ」「ロミロミ」などという緊張を解く呪文のような音韻をハワイアンのメロディとともに浴び続けると、身も心も蓄積した疲労と一緒に溶けてしまいそうだ。人に天才がいるように、土地にも天才的なリゾート地があり、ハワイは癒しの霊性に満ちているように思う。

バリ島は、バリ・ヒンディーという島独自の文化とオランダ文化の融合が薬味として効いていて、ゆるみや開放感が主旋律になりがちなリゾートの空気をほどよく引き締めている。耳を澄ますとどこからともなくガムランの音が聞こえてくるこの土地は、神々の島としての尊厳がどこかできちんと担保されている。しかしながら、ここに無数に作られてき

テラスの眺望と植物の繁茂。クデワタンの家(ウブド・バリ島)

たホテルの着想も画一的であると言わざるを得ない。バリ風建築を採用したエントランスやロビー。海にしても山にしても、その眺望をきれいに取り込んだ敷地の造作と、景観を集約するポイントに「インフィニティ・エッジ」すなわち近景を水庇で切り取る美しいプールがある。土地の風土を巧みに生かしたヴィラの数々は素晴らしいが、やはりその根底にあるリゾート観はまぎれもなく西洋スタイルなのだ。

類型に浸るのが心地よさへの近道かもしれないが、そろそろお決まりの植民地式リゾートから自由になって、アジア式リゾートを考えてみるのはどうだろう。同じインドネシアならこんなアイデアはどうか。インドネシアは一万八〇〇〇にも及ぶ島々からなる国で、東西はアメリカ合衆国と同じくらい広い。その島のひとつを「巨大植物園」として運営する。植物園といっても温室やフラードームが並ぶようなものではない。ガラスの温室も面白いけれども、ここではその土地の風土にあう植物を、できるだけなにもしないで、自然のままに育て上げるボタニカル・ガーデンである。

ハイテク・コテージ。
（ワークスフィア）
宿泊して休んだり
働いたりする

オリジナルの農場。（オーガニックかどうかは検討するとして）
景観資源にもなる。
敷地内のレストラン。

自然と融合したハイテク
ワークスフィア
・植物学者
・建築家
・情報デザイナー
・庭師（現地の人で…）
・投資家.
施設は少しずつ増殖する.
キノコが生えるように。

〈Botanical Worksphere〉

植物園＋ホテル。ただし、リゾートホテルというよりも、
ここで仕事ができる。きわめてスムーズ、スマートなハイテク環境が整っている。
人は必ずしも、アトラクションや遊びのメニューを期待しない。素晴しい環境で働きたい。

ここでは花を愛でるのではなく植物そのものを味わう。珍しさや希少性を鑑賞するのではなく、旺盛な植物の繁茂を楽しむのだ。立派なヘチマがなっていたりマンゴーがたわわに実をつけていたり、その土地にごく普通に生育するあまたの植物がのびのびと葉を広げているような風情からは生命の精気を分けてもらえる気がする。人間の生命の根幹にある更新する力と植物の力を共振させるとでも言おうか。贅の蕩尽による逸楽ではなく、植物が秘める生命力と交感する場所である。

自然植物園には繊細なハイテクが管理するヴィラをまばらに分散させる。透明なガラスで覆われたヴィラの内部は空調で快適にコントロールされているが、居住空間は屋外のようにも感じられる。それぞれのヴィラと中枢施設をつなぐのは整備された細い小道。そこを電動カートが行き来してあらゆるサービスを行う。個々のヴィラには、神経系が緻密に張りめぐらされるように、ハイテクの端末が余裕を持って配置されている。インターネットに接続するたびにパスワードを入力するような煩わしさもない。スムーズに世界のあらゆる場所に接続している。テクノロジーは自然と拮抗するのではなく、むしろ進化するほどに自然との親和性を増し、その境界を曖昧にする。どこまでが自然でどこまでが人為か分からないような融合感にこそ気を通わせるのだ。そのためには自然の贈与を素直に受け入れる建築を考えなくてはならないが、これは建築家にとっても面白い課題になるはずだ。

植物園内には農場も並行して作っていく。土地の人々にここで働いてもらえれば理想的である。有機栽培で作られる土地の野菜やハーブ、薬草を利用したレストランやスパも展開できるかもしれない。スパはアジア流の施術を基本としたい。


このホテルは、休息のみに用いられる場所ではなく、充実した集中力で仕事をする場所でもある。言わばオンとオフを同時に受け入れるリゾートである。見渡してみるとアジアの精力的な働き手たちは西洋人のように長いバカンスをとらない。仕事に生き甲斐を見出し、むしろそこから活力と意欲を生み出しているようだ。彼らの多くは様々な場所にプロジェクトを持ち、点々と移動をしながら暮らしている。したがって休日というものがはっきりしない。今日は北京、明日はジャカルタ、東京に二泊して再び上海へという風に常に動いている。忙しいというより移動が「常態」と化している、言わば「新遊牧民」である。彼らが休息をとらないかというと、そうではない。彼らは仕事をしながら休むのである。

仕事に隣接する知的活動を労働と考えず、充足の時間ととらえてみると、どうだろう。

読書や締め切りのない原稿を書いている時間はリフレッシュと考え、それをこのボタニカル・リゾートで行えばいいのだ。プールで泳いだり、極めつきの大自然の中を散歩やジョギングをしたり、食事をしたりという、そのすべての瞬間に愉楽とクリエイションが共存する。

紹介したアイデアは実際にインドネシアのとある島で動きはじめているプロジェクトである。まるごと島ひとつというわけにはいかないが、海に面した山の斜面一帯や、なだらかな起伏をなす広大な敷地を、これまでにない着想で開発しようという構想だ。そのヴィジョンづくりを依頼され、浮かび上がってきたのが巨大植物園とハイテク・ヴィラの構想である。夢のような話に聞こえるかもしれないし、実現には随分と時間もかかるだろう。しかし夢を構想し具体化への道筋を示すのがデザインである。

今、確実に到来しつつあるアジアの時代に向けて、僕らは持てる美意識資源をふんだんに活用しつつ、植民地主義が残していった欲望のかたちを超えて、新たな愉楽の領域に目をこらしてみたい。そこにどんなリゾートが見えてくるだろうか。

国立公園

日本列島という国土をどう生かすか。これが日本という国の永遠の課題である。アジアの東の端に、大陸から離れ、島々の連なりとして存在する。これは世界の地勢から見てもかなり個性的なことである。

大きな島が四つ。九州、四国、本州、そして北海道。それぞれがほどほどに接近しているので、海底トンネルや巨大橋を架け、今ではひと続きになった。四つの島には元来「島」という名称はついていない。つまりこの地に住んでいる日本人にとって、これらは「島」ではない。海によって他の世界から隔絶された十分に大きな陸地すなわち「くに」なのである。それ以外の無数の島々には「島」という呼称がきちんと付されている。

隣国との境は海であり、それゆえ境界という観念は明確だ。韓国や中国、ロシアとの間は海。アメリカも太平洋を挟んだ遠いお隣さんである。だから日本には、世界から明瞭に独立しているというイメージが濃厚にある。おのずと「くに」というアイデンティティも強く育まれ、日本語というもうひとつの祖国がさらにそのアイデンティティを強固なものへと搗《つ》き固めてきた。

一方で、気候風土も独特である。中央アジアのヒマラヤ山脈が八〇〇〇メートル級であるために、偏西風が南に迂回し、湿潤な大気を日本列島上空に運んでくる。これが山々にあたって雨や雪となり、国土の大半を覆うこんもりとした森を生み出すもとになっている。水に恵まれた国土は急峻で、山から海へと毛細血管のように走る川は、大陸の滔々たる大河と比べると流れも速く滝のように俊敏である。火山活動によってできた大地は変化に富み、温泉がいたるところから湧き出ている。

そして、湿潤な気候を利用して稲作を基本とする「農」の営みが、長い間この国の暮らしを支えてきた。縄文から弥生を経て稲作が定着して以来、工業国へと変貌を遂げる前まで、日本人はそうやって生きてきた。四季の変化の豊かさを微細に暮らしのかたちの変化に取り入れ、ぽつりと隔絶された風土の中に独自性のある文化をゆっくりと育んできたのである。冬は藁をたたき、春は曙を楽しみ、夏には浴衣を縫い、秋は月を静かに愛でて、自然の移ろいに感覚を寄り添わせて生きてきたのだ。近代文明が入ってくる前まで、日本はその風土と完全に調和して生きてきた。中国の王朝が次々と替わり、大陸を支配する民族が交替を繰り返す中、日本は太古から今日までひとつの「くに」としてその命脈を保ってきたのである。

第二次大戦においてはじめて日本は痛烈な敗戦を経験した。大戦が終結した後、日本はその国土を工業生産へと捧げてきた。「太平洋ベルト地帯」と名付けられた、南関東から東海、瀬戸内を横断して北九州へと連なる広域が「工業生産」の拠点と定められた。ここに石油化学コンビナートが設けられ、工場が誘致され倉庫が並び、近代的な港湾施設が建造された。天然資源を受け入れて加工し、生み出された工業製品が手際よく海外に輸出できるように。京浜、中京、阪神、北九州は四大「工業地帯」と呼ばれ、大きな輸送動脈としての新幹線や高速道路がこれらを結ぶために敷設された。結果として日本は立派に工業立国を果たし、GDP世界第二位の経済大国となった。確かに戦後の日本の復興と高度成長は目覚ましい成果だった。

しかし、水辺に作られた工場から出る廃液や、煙突から放たれる化学物質によって、国土はひと時ひどく汚れた。コンクリートで固められた港の護岸壁は、必要のない地域や領域にまでひろがり、海岸の景色を寒々しいものへと変容させた。国の予算は、ものと人の移動、エネルギーの確保、そして自然災害からの危険の払拭などに多くが費やされてきた。結果として日本は人造工業列島のような殺伐とした顔つきになってしまった。これがわずか六十年の間の出来事である。

汚れてしまったのは海や川だけではない。無味乾燥な人工物によって固められた海辺と同様、暮らしも都市も汚れた。工業を推進して国を成り立たせていくために必要とされる道路やダムの建設、そして景観の調和を黙殺したままの都市の増殖も国土を汚した。経済を加速させていくために容認されてきた公共空間における奔放な商業建築や看板の乱立は、景観を慈しむ感覚を麻痺させ、日本人の感性の上にかさぶたのような無神経さと鈍感さを貼り付けてしまった。現代の日本人は「小さな美には敏感だが、巨大な醜さに鈍い」と言われるが、その背景がここにある。

茶の湯や生け花といった伝統文化、あるいは個々のデザインや建築に関してはきわめて高度な創造性や洗練を見せる日本ではあるが、その集積であるはずの景観が醜い。この傾向は都市に限ったわけではない。田舎もまた同じ問題を抱えている。都市に倣おうとしているところも、単に洗練に至っていない鈍重な感性も含めて、そう言えるのではないか。田舎にはたしかに、あふれるような自然がある。しかし殺伐とした風景にも数多く出会うのだ。

工業生産で少しやつれてしまった国土を心休まる安寧の風土として再生させていくためには、まずは掃除をしなくてはいけない。すでに何度も述べているように、日本人の感受性はもとより繊細、丁寧、緻密、簡潔なのである。これを自覚していくことで、経済文化の次のステップへと僕らは進んでいけるような気がするのだ。

そんなことを考える時、思い浮かべるのは「国立公園」である。日本には二九の国立公園がある。初めて「国立公園」を意識したのは、切手を集めていた少年時代であった。モノトーンの控えめな切手であったが、美しい風景が凝縮されたシリーズが記憶の端にある。元来、いずこの山もいずれの浦も美しいわけで、ことさら「国立」と言われても、という見方もあろうが、あらためて「くに」の景観ひとつひとつを吟味してみると、いずれも味わい深い。環境省の資料によると「同一の風景型式中、我が国の景観を代表すると共に、世界的にも誇りうる傑出した自然の風景であること」がその定義であり、環境大臣がこれを指定するとある。「風景型式」などという発想には苦笑させられるが、確かにその景観を前にすると大きな感慨が湧いてくる。

国立公園の発祥はアメリカ合衆国だそうだ。十九世紀半ばから二十世紀初頭にかけて、イエローストーンやグランドキャニオンを人為による破壊から守るために、景観や自然、動物などの保護法が定められていった。アメリカ大陸のフロンティアを切り開いてきた人々が、合衆国独立後一〇〇年を経て、自らの歴史を刻むべき壮大なアメリカ大陸の自然の希少性に気付き、人為によって損なわれる前にこれを保存しようと思い立ったのだろう。

その着想が影響してかどうか、アメリカの国立公園は情報のデザインが秩序だっていて、商業主義やノスタルジーときっぱりと一線を画して美しい。これは偉大なグラフィックデザイナー、マッシモ・ヴィネリの先見的な仕事が下地になっている。彼は国立公園のパブリケーション・デザインの基礎を整備した。具体的には、地図の読みやすさや美しさ、写真や文字のレイアウトなどを整理し、パンフレットなどの広報ツールを知的で統一のとれた作法へと導いたのである。

情報デザインのゴールはそれを用いる人々に力を与えることである。国立公園を訪れ利用する人々が欲しがる情報、あるいはそういう人々が能動的に国立公園を動くために必要な情報というものがある。彼はその情報編集のための、美しく実用性ある仕組みを立ち上げた。そして、さらに重要な点であるが、国立公園の情報デザインを一人のデザイナーが占有統括するのではなく、個々の公園を運営管理する人たちが、進んでこの方式を学び習得できる仕組みを作り上げたのである。結果として、アメリカにおける国立公園の情報デザインは、水準の高い先例に倣い、その上にさらなる成果や工夫を積み重ねていった。

読みやすく美しい情報ツールを手に国立公園に向かうとき、人々は、その体験を通して多くの人々の意識と連携することができる。おそらく国立公園というものは、自然そのものではなく、むしろその自然とどう向き合いどう慈しむかという、人の意識の中に構築された無形の意識の連鎖なのではないか。そういう意味で、国立公園は高度なデザインの集積ともいえる。

デザインは、商品の魅力をあおり立てる競いの文脈で語られることが多いが、本来は社会の中で共有される倫理的な側面を色濃く持っている。抑制、尊厳、そして誇りといったような価値観こそデザインの本質に近い。国立公園が互いに広報を競い、脈絡のないロゴや過剰なヴィジュアルを氾濫させてはいけない。本当に機能している情報は、機能している時には見えなくなる。そうしないと、情報がノイズになってコミュニケーションの品質をそぐ。だから国立公園の情報デザインは、静かに緻密な連携を果たしていかなくてはならない。

マッシモ・ヴィネリはこの仕事で、The First Presidential Design Awardという賞をもらっているが、その受賞は一九八五年であるから、すでに四半世紀も前に、アメリカは国立公園の情報デザインの整備を始めていたことになる。ひるがえって日本はどうか。おそらくは様々な事情があると思うが、そろそろ国立公園に意識を向け直してはどうだろうか。美意識を起点として国土を見つめ直す申し分のないテーマだ。

工業生産と豊かさを経由した日本は、ひとつ洗練の度合いを増した美意識の国、ホスピタリティの国として、世界の人々を招き入れるヴィジョンを描かなくてはならない。土地に杭を打ってそこに縄を渡して領域を特定することではなく、情報のアーキテクチャーとしての国立公園を作り上げていくこと。これがその着実な第一歩になる。

未完であることは幸いである。メディアの可能性も大きく拡大してきた。そこに巨大な可能性が見えはじめている。

瀬戸内国際芸術祭

二〇一〇年七月十九日から一〇五日間、瀬戸内海の七つの島々と高松市において世界規模のアートフェスティバル「瀬戸内国際芸術祭」が開催され、想像を超える来場者で賑わった。イベントの成功を何で測るかは難しい問題だが、三〇万人という当初の予測の三倍を超える九三万八〇〇〇人の来場者数が発表されている。少なくとも興行的には大きな成功を収めたということができるだろう。

直島、豊島《てしま》、犬島、女木島、男木島、小豆島、大島。これらは、岡山県と香川県の間に浮かぶ瀬戸内海の島々である。岡山市の生まれで、夏になると矢も盾もたまらず、友人たちと連れ立って瀬戸内の島々へとキャンプに出かけていた自分にとっては、これらの島々で国際芸術祭が開催されると聞いて心躍るものがあった。さらには、美術監督の北川フラムの訪問を受け、ポスターやロゴタイプなどコミュニケーションツールの制作を依頼されたことで、関心は現実の仕事へと変わった。

とはいえ、国際芸術祭のメインディッシュは現代アートであり、これを支える人々である。コミュニケーションのデザインは、いわば裏方の仕事。現代アートに比肩しようと目立つヴィジュアルを構えても虚しい。控えるべきは控えて、役割の本質を見据えなくてはならない。ただし故郷の瀬戸内海で開催される国際イベントということになれば、気分はお客を迎え入れるホストの側に立つわけで、この地味な裏方仕事にこそおのずと熱が入る。さらに言えば、先の節で述べた通り、近年の自分は「国立公園」の運用に大きな興味を持ちはじめていたので瀬戸内国際芸術祭を、できれば緻密な「情報の建築」として設計し、来場者が不自由なく島々をめぐって能動的にこれを楽しむための情報基盤を作ることに意欲が湧いた。

最初に着手したのは静かなキーヴィジュアルの制作である。写真家の上田義彦に、島々の写真を撮ってもらうことにして、いくつかのポイントをロケハンした後、二人でセスナに乗って瀬戸内海の上空に浮かんだ。よく目にする瀬戸内海の景色は、カメラを据えるポイントが決まっているのでなかなか新鮮な写真は撮れない。だから海に浮かぶ瀬戸内の島々のイメージを鮮度よく摑むために、上空から斜俯瞰で狙ってみようと考えたのである。案の定、小型飛行機から見下ろす島並みは神々しいほど美しい。まるで日本の国造り神話の世界である。

その日の瀬戸内上空は風もなく凪いで、海と空の境は溶けて渾然たるグラデーションをなしていた。茫洋とした空間に島々が、こんもりとした緑をたたえて点在している。まるで吸い込まれるような景色だ。女木島上空にさしかかった時、大きな客船が二隻、偶然に並走している光景に出会った。二隻の船が曳く白い二つの航跡。後部座席から聞こえてくるシャッター音を聞きながら、ああ、撮れたなと思った。この写真を見れば、人々はこの芸術祭の意味を直感的に理解できる。

このイベントの要点は、「船で島々をめぐる」という行動性にある。これが瀬戸内国際芸術祭の最大の趣向であり特徴である。瀬戸内の海は内海特有の穏やかさで、島々の距離も近い。群島《アーキペラゴ》というと世界の人々、特に西洋の人々はエーゲ海を連想するらしい。確かにエーゲ海の島々は景観も光も美しいが、島々を隔てる距離もまた雄大である。連絡船で十五分とか二十分、つまり「ひと足」の気分で移動できる距離であることが、現代美術を島の風情と同時に味わうアート巡遊の醍醐味なのだ。瀬戸内海は日本で最初の国立公園のひとつである。その風光は来場者に格別な印象を与えるに十分である。キーヴィジュアルはそれを一目で伝えなければならない。

しかし一方で、七つの島々へのアクセスや、島相互の移動など、行きたいアートサイトや施設をめざして船で移動するのは決して簡単ではない。ひとつの島に行って帰ってくるだけではない。来場者は島から島へと跳び移る軽快なアイランド・ホッパーにならなくてはいけない。陸の上ならタクシーを拾えば素早く移動できるし、自転車や徒歩で自由に移動することも可能だ。しかし海の移動手段は限られている。島々に運行便を乗り入れている船会社はたくさんあるけれども、固有のルートの縄張りが案外と複雑で融通が利かない。普段は過疎化が心配されているような場所であるから、そこにいきなり何十万という人が押し寄せて、思い通りに動きたいといっても無理がある。しかしここがきれいに解決されていないと、イベントは混乱の坩堝と化す。

したがって、メインヴィジュアル以上に重視して着手したのは、移動を中心とした情報のデザインである。ロゴマークの脇には必ず、七つの島々を結ぶダイナミックな移動ルートを示す、サブヴィジュアルを配した。これが「海上移動」のイベントであることへの周知を促すためである。そしてできるだけ使いやすいかたちで、移動のための情報検索ツールを作ってみたのである。高松市が率先して交渉し、連絡船を増便させたのを受けて、そのルートと時刻表をわかりやすいダイアグラムに整理した。そしてそれらを携帯電話やタッチパネルデバイスのアプリケーションとして展開し、無料でダウンロードできるようにした。

さらに重要なのは地図である。島々の港に着いた人々は、バスなどの公共の移動手段を用いつつ、主には自分の足で、島内各所に設けられたアートサイトを次々と探し当て、訪ね歩いて鑑賞しなくてはならない。この繰り返しが、瀬戸内国際芸術祭の実態なのである。したがって地図には高い信頼が寄せられなくてはいけない。地図が不正確で間違った情報を与えるようだと、来場者の志気はなえ、アートを訪ね歩く意欲は半減する。したがって、僕らが提供する地図は google earth の何倍も詳細でわかりやすく、しかも美しくなくてはならない。

完成した地図の一番拡大率の大きなものは、ほぼ住戸単位に区分されたもので、これが集落単位、島単位、そして七つの島々全体が見渡せる周遊ルート単位に編集され、用途に応じて見分けられるようにした。電子デバイスでは、指で拡大／縮小するピンチ・イン／アウトの操作で、住戸単位から島々を見渡す単位まで視認でき、首から下げるパスケースに入れて使う折りたたみ地図にも、同様の縮尺図を搭載した。携帯端末や電子デバイスは便利だが、来場者全員が持っているわけではないし、操作に不慣れな人も多い。また、折りたたみ式の地図は、首から下げるパスケースに入れると案外と使いやすく楽しい。電波の届かない場所も想定される中では、やはり必須の情報ツールである。したがってパスケースは本体や紐の素材、フッキングの金具に至るまで吟味して用意した。

その努力の甲斐あってか、パスケースや地図はイベントの必須アイテムとして来場者の多くが入手し、これを首に下げて島々を探索する姿が目立った。現代アートの作品の背後に潜むデザインではあったが、情報デザインのゴールが、その受け手の能動性を引き出すことだとするならば、このプロジェクトはどうにかゴールにたどり着いたようだ。さすがに閉会直前の混雑のピーク時には、お客が船に乗りきれない状況が発生したり、チケットの入手をめぐる混乱もあったと聞くが、これは予想の三倍以上もの来場者数がもたらした異常事態であり、この対策については今後の課題となろう。

瀬戸内国際芸術祭、ナビゲーションデザインより
女木島の地図

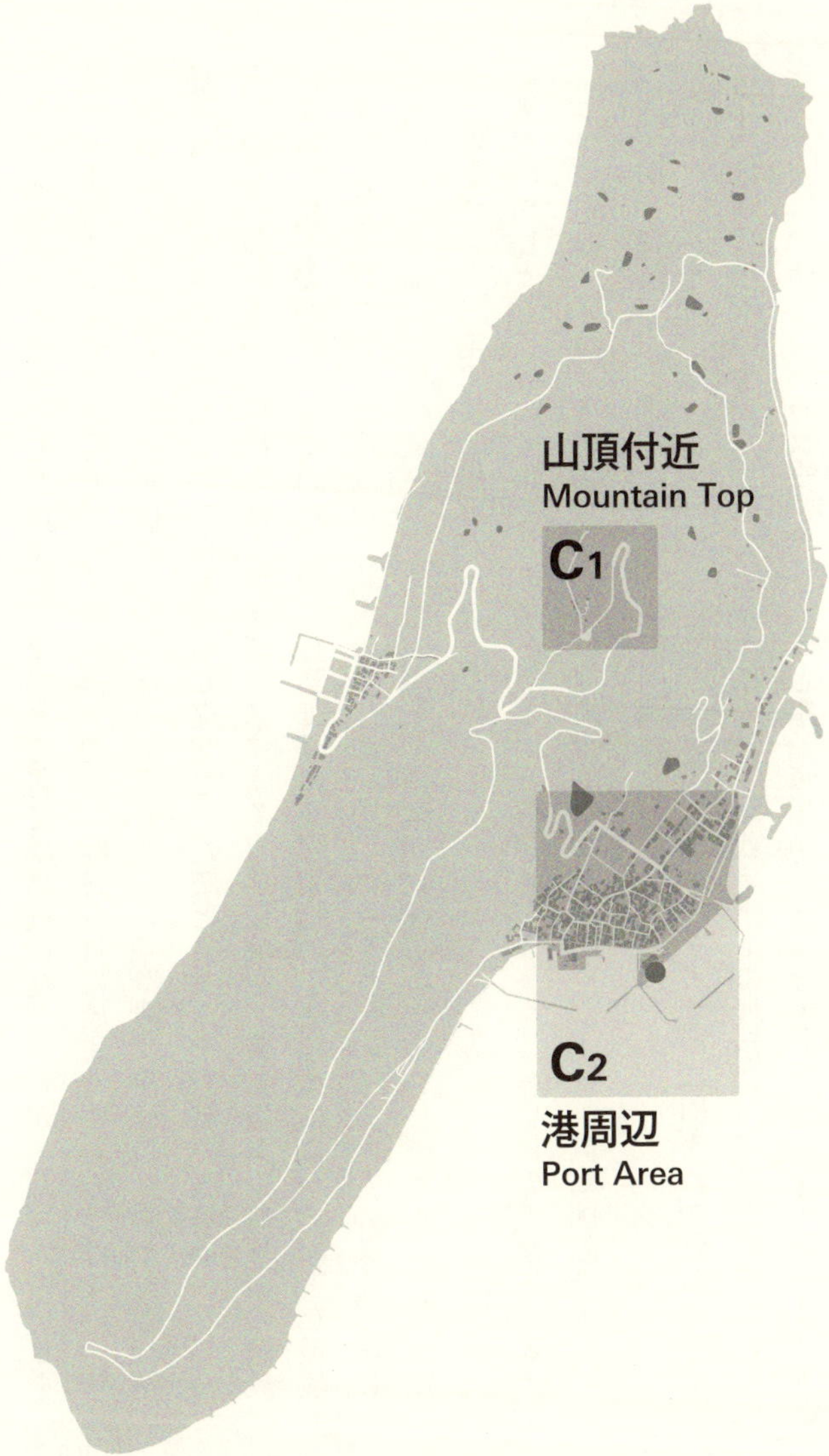
山頂付近
Mountain Top
C1
C2
港周辺
Port Area

第一回の瀬戸内国際芸術祭は多くの来場者を得て成功裡に終わったが、瀬戸内の島々を現代美術ゾーンとして開発していく計画は、勿論、昨日今日に始まったものではない。その発端は一九八五年、福武書店(現ベネッセホールディングス)の創業者福武哲彦と当時の直島町長三宅親連の合意によって直島開発が発想されたことによる。当時の直島は、北部にある金属の製錬所から排出される亜硫酸ガスによる自然破壊や、産業廃棄物処理場の建設による住民不安が広がっていた。隣の豊島では産業廃棄物の不法投棄によって深刻な環境汚染が報告されていた。そういう状況の中、瀬戸内の島々を世界の子供たちの集える場にしたいという福武哲彦の思いと、直島の南部を清潔で教育的な文化エリアとして開発したいと考えていた三宅町長の思いが重なったのである。

瀬戸内の島々を世界の子供たちの場へ、という構想は、建築家安藤忠雄の監修によるモンゴルの住居「パオ」を設置することにより滞在型の自然体感ゾーン「直島国際キャンプ場」として具体化し、計画は前に進みはじめた。

そしてそのヴィジョンは福武總一郎(現ベネッセアートサイト代表)に引き継がれることで、文化村は現代美術の生長点として飛躍を始めた。現代アートの展示スペースとホテル客室を兼ねた「ベネッセハウス」(一九九二年)と宿泊専用棟「ベネッセハウス・オーバル」(一九九五年）の完成は、瀬戸内の孤島に本格的な現代アートの拠点ができた衝撃を世界に伝え、日本における現代アートの特異点として注目されるようになったのである。さらに二〇〇四年の「地中美術館」の完成によって、直島はアートゾーンとしての奥行きを倍増し、世界のアートファンの耳目を集める文化スポットとして存在感を高めていった。これらの建築施設は全て安藤忠雄の設計による。建築の特徴は、その多くが地中に埋設されるようなかたちを取っており、建築は自然景観の中に溶け込んで見えないという点である。また「家プロジェクト」と称する既存民家のアートサイトへの転用プロジェクトも盛んに行われるようになり、これらによって直島の現代アートは美術館の外へ出て、島の集落や人々の意識の中にも浸透しはじめたのである。

さらに、より広範な「瀬戸内アートネットワーク構想」のヴィジョンとともに、近隣の犬島や豊島にも新たな美術館が誕生すると、もはや直島ひとつのエポックではなく、誰の目にも明らかな一大アートゾーンの可能性が印象づけられた。二〇〇八年には犬島に、三分一博志の設計による、精錬所の遺構を保存・再生した美術館が誕生し、二〇一〇年には豊島に、土地の特性を活かした美術館として内藤礼と西澤立衛のコラボレーションによる斬新な施設が誕生した。同年、直島には李禹煥《リウファン》の個人美術館が安藤忠雄の設計で開館している。

驚異的な構想力と実現力によって、瀬戸内はアートゾーンとして急速に成長してきた。岡山の大原美術館、高松のイサムノグチ庭園美術館や丸亀の猪熊弦一郎現代美術館などをも、島と海がつなぎはじめている。瀬戸内国際芸術祭は三年に一度開催の予定で、五回まではでは計画があるそうだ。日本列島の活用法として素晴らしい事例のひとつであると思うが、いかがだろうか。このようなプロジェクトの一端に加われたおかげで、情報デザインとしての国立公園の想像の翼も、これを機にさらに広がりそうである。

5

未来素材——「こと」のデザインとして

創造性を触発する媒質

人間の創造性を飛躍させる媒質というものがある。たとえば石器時代における「石」。「石器時代」という言葉が耳に馴染んでいるせいか、石を使うことがあたかもはじめから決まっていたかのように僕らは錯覚してしまうが、直立歩行を始めた最初の人類にとって「石」は、「手」を用いることそのものを覚醒させる決定的な媒質となったはずである。石の「硬さ」や「重さ」、そして「程よい加工適性」は、直立歩行して自由になった人間の手を創造へと誘う格好の素材であった。硬さや重さは、ものを破壊したり切断したりする意欲を人間にもたらし、その手触りや手応えは、道具を使用する充足感へと人間の感覚を目覚めさせていったはずだ。つまり、「石」が人間の手と感覚を覚醒させ、石器時代をドライブさせたのである。

さらに言えば、石器を作るという行為は、ただ作るのではなく、よりよく作る、より美しく作るという意識をも目覚めさせたかもしれない。石で石を打ちかいて、あるいは石で石を磨いて、先鋭な刃が製作されたわけだが、何万年もの時代を経た今日においてすら、それは十分にその達成に満足していいバランスと完成度をたたえている。発掘された石器の数々を見ていると、そういう感慨を覚えるのである。

紙もまた同様である。紙は今日「印刷メディア」と呼ばれることが多いが、旧メディアの古めかしさを全て紙に背負わせてしまうような言い方には違和感がある。紙は確かに文字との関わりにおいて人間の創造性を触発したはずだが、その魅力は単に印刷できる枚葉性に集約されるものではない。紙の触発力は、第一にはその「白さ」においてであり、さらにはその「張り」においてである。自然物の中で、白いものはさして多くはない、その中でも紙は抜きん出て白い。ベージュの樹皮を叩きほぐし、水中に繊維を分散させ、漉簀《すきす》で掬い上げて天日に干すと、まぶしいほど白い物質が出現する。それは指で挟むとぴんと立つほどのあえかな腰をもつ。白く、そして張りがあるということは、逆に言えば汚れやすくこわれやすい、きわめて華奢な存在である。

このたおやかなる薄く白い張りの上に、人間は「墨」で黒々と文字や絵を描いたのである。それは決して後戻りのできない不可逆性への跳躍であり、未発なるものが明晰に成就していく瞬間を次々と自覚する手応えの連続であったはずだ。びっしりと聴衆で埋まり、静まりかえったコンサートホールで、ソロ演奏のバイオリニストが最初の一音を発する時のような緊張を、紙は常に人間にもたらしてくれるのである。失敗するかもしれないが、素晴らしいパフォーマンスが生み出されたならば、白い紙の上にはその達成が輝かしく屹立する。

そのような紙の触発力によって、言葉や図を記し、活字を編んでいく能動性が、人間の感覚の内にもたらされた。覚悟も、決意も、振る舞いも、所作も、永遠や刹那に対する感受性も、人間は紙に躾けられてきたのだ。それは今日においてなお続いている。

このような媒質、つまり人間の創造意欲を喚起する物質を、僕は「センスウエア／SENSEWARE」と呼んでいる。青銅や磁器、鉄と刃など、様々なセンスウエアを想像すると胸がときめくが、ここでは新しいセンスウエアとしての「人造繊維」と、それが拓いていく産業の可能性について話してみたい。

繊維産業といえば、日本を支えてきた基幹産業のひとつであったが、今日ではその様相がかなり変わってきている。日本の労働力が欧米の先進国と比べてずっと安かった時代には、日本の繊維は今の中国の生産品のように圧倒的な価格競争力を持ち、世界の繊維産業を震撼させる存在であった。女工哀史という言葉が示す通り、低賃金で働き詰めに働いた女工さんたちが、安価な日本の繊維製品の下支えとなっていた時代もあるし、戦後は合成繊維の生産で活況を呈したひと時もあった。しかし一ドル三六〇円の時代はとうに過ぎ去り、経済大国となった日本の円は、今や対米ドル八〇円を切るほどに切り上がってしまった。勿論、その分だけ日本は豊かな国として成熟し、強くなった円で世界の産物を気楽に購入したり、余裕をもって世界を旅行したりできるようになったわけであるが。

ただし、ものを生産して世界に売るという局面においては、言うまでもなく厳しい状況に立たされている。円はかつての四倍以上、辛抱強く質実な労働に耐えてくれる女工さんなどもはやどこを探してもいない。爪をデコレーションケーキみたいに飾ってエステに通う現代の女性は、別の意味での創造性を秘めた新たな産業資源かもしれないが、低コストの生産に寄与してくれるわけではない。

だから日本の繊維生産は、ひと時は台湾と韓国の繊維産業にそのお株を奪われ、近年では中国やインドといったさらに労働コストの安い国にその座を明け渡したのである。スタンダードな繊維の製造は、設備投資をすればどこの国でも製造できる。したがって衣類に用いられる身近な繊維のほとんどは現在の日本では作られていない。

それでは、日本の繊維産業は衰退しているのかというと、そうではない。製造技術を高度化させていく中で、人造繊維の先端を模索しながら、したたかに新しい領域を拓きつつあるのである。

繊維には大きく分けて二つある。ひとつは天然繊維。蚕の繭から作られるシルク、綿や麻、そして羊毛を加工したウールなど、原料が自然由来の繊維である。もうひとつは人造繊維。これは主に石油を原料として作られる合成繊維とも呼ばれるもので、ナイロンやポリエステルなどケミカルなイメージの名称が付けられている。近年は人造繊維も高度に進化しているので、手で触っただけでは天然か人造か分からないほどになってきているが、大きくはこの二種類に大別される。

かつての人造繊維はおおむね、生産コストの高いシルクなどの代用品として位置づけられてきた。かつてシルクのストッキングがナイロンストッキングにかわっていった時、安さに加えて丈夫さといった新たな長所が歓迎されて、人造繊維は生活の様々な局面に進出した。しかし一方で、天然繊維という自然の叡智の賜物を凌駕することは簡単ではなく、綿や麻などの天然繊維の風合いを賞賛する声は、通奏低音のように社会通念の一隅を占め

「ポリエステル」などという言葉は口にするのも厭わしい、という人々も少なからずいる。けれども、人造繊維は天然繊維の代用品にとどまるものではない。テクノロジーの成熟は人工と自然との対立をむしろ融和させ、その境をなくす方向に進むであろうし、他方ではさらに進化を続け、天然繊維と同じ土俵では評価できないような、独自性を帯びたものを生み出していくはずである。

現在の日本の繊維企業は、よりオリジナリティのある高機能繊維を生み出し、衣服のためというよりも、環境形成の素材としてより広い活躍場所を獲得しはじめているのである。たとえば航空機の胴体に用いられはじめた炭素繊維や、風力発電のプロペラや防弾チョッキ、消防服などに用いられるアラミド繊維、微細な油膜などをきれいに拭き取ることのできるマイクロファイバー、水の濾過を高精度に行うことのできる中空糸濾過膜、射出成形されてスポンジのように固まり、柔らかなクッション性を生み出す弾性繊維、光を減衰させないで通していく光ファイバー、電気を通す導電性繊維などなど……。未来を予感させる繊維をしたたかに開発しつつ、新たな領域の扉を次々と開きはじめているのである。

しかしながら、これらの高機能繊維たちは、担っている役割が専門的すぎて、一般の人たちにはよくわからない。風力発電のプロペラや、航空機の胴体、先端医療の現場で人工血管などに用いられていても、目につきにくい分だけ存在感が希薄だ。だから日本の繊維産業は、すごい素材を次々に開発しつつも、海面下に隠れた氷山のように、その大半が世間の目に触れなくなってしまった。高度な技術や機能を携えつつも、それは縁の下の力持ちのように地味に現代の暮らしや環境を支えているのである。

このような日本のハイテク繊維を、もう少し陽の当たるところに連れ出して、その魅力を目に見えるようにしてほしいという相談を受けた。二〇〇六年初頭のことである。できれば服飾産業のようなスポットライトの当たる場所で、日本の人造繊維の可能性と魅力をアピールできないだろうか、という経済産業省からの打診であった。

ここで「SENSEWARE」に話が戻る。潜在力のある産業にスポットライトを当てると言っても、日本の先端繊維は安直にファッションという既存産業の仕組みに接近してはいけない。フランスやイタリアが考え出したファッションという仕組みにすり寄っていくのではなく、むしろそこから距離を置いて、新たな環境形成素材としての独自の世界を提示することこそ、先端繊維の魅力と付加価値を周知させることにつながるのである。

そのためには、それを分かりやすく目に見える形で示してみせることが大事である。つまり天然繊維の延長ではない、日本のハイテク人造繊維を、まったく新しい「SENSE-WARE」として、それが人間の創造性をどう刺激し、覚醒させるかを独自の方法で示してみせること。希少性をきちんと理解してもらう道筋を独創的な方法で構築していくことが、強い円の時代の産業のかたちであるはずだ。具体的には、日本のものづくりの優れた才能と技術を総動員して、新たな媒質が呼び起こす未来の創造領域の片鱗を可視化してみようと考えたのである。

僕の仕事は「もの」を作るというより「こと」を作ることであると普段から言い募っている。だからこういう仕事こそ本領である。デザインとは、物の本質を見極めていく技術だが、それが産業のヴィジョンに振り向けられたときには、潜在する産業の可能性を可視化できなくてはならない。

先端繊維によるエキジビションの計画は、このようにして動きはじめた。

ファッションと繊維

ところで、ファッションとは何だろうか。日本のハイテク繊維を再びファッションの先端に、という依頼を受けた時、そういう疑問がふと頭をよぎった。人間の生き方やライフスタイルのことなのか、産業の仕組みの話なのか、流行やトレンドの問題なのか。

若い頃、フランス語版の『VOGUE』という雑誌を定期購読していたことがある。自分なりにファッションとは何かをそこに探そうとしていたのだ。所詮、雑誌から得られる知見に限りはあったが、それでも『VOGUE』の編集には筋の通った原則があった。それは、ファッションとは衣服や装身具のことではなく、人間の存在感の競いであり交感であるという暗黙の前提のようなものだ。したがって時折、これは人生の芸術だなあと深く感じ入る写真に出くわした。『VOGUE』には勿論、トレンド情報も盛り込まれているわけだが、とりわけ目を引くのが、社交界のイベント・リポートのような記事である。つまりモデルではなく、リアルな人々が織りなす社交という時空でのファッションのドキュメンタリー。

社交場に出てくる人々の中で、ひときわ異彩を放って印象的なのは決して若くてスタイルのいい人々ではない。もはや老境も極まったような人に、老大樹が醸し出すような凄みや迫力を感じるのである。

人間は偏りをもって生まれ、歪みも癖も持ち合わせて生きているが、そういうものを全部のみこんで、どっかりと開き直って生きている人々には、時代を経た大木のような迫力が備わってくる。シミを取ったり、まぶたを二重にしたり、アゴの線を整えたりするのではとうてい太刀打ちできない、人間としての強烈なオーラを発している。そして、そういう人は、才能ある服飾デザイナーが全身全霊を投じて創作したオートクチュールのパワーを見事に一身に引き受けて服を着こなしている。着られるものなら着てみろと言わんばかりの、斬新で独創的な服飾デザイナーの挑戦を、真正面から受けとめ、自身の身体と人的オーラでそれを増幅し、あたりに発散している。

登場するモデルも、単にスタイルがいいとか、かわいいとかではなく、むしろ憎々しいほどの存在感にあふれた人が選ばれている。人間の罪という罪の全てを背負いつつそれを弄ぶような目、愚かなことを千万と述べたかと思えば、時に世界が傾くほどの本質をつるりと吐き出しそうな唇。そしてアンバランスなほど長い手足など、およそ可憐さや清純さとはほど遠い、しかし人の注意を引きつけてやまない魅力がそこにあふれている。才能のある写真家がその魅力を余さず、静かに精密に収穫している。そういう写真に出会うと鳥肌が立ち、ページに目が釘づけになる。

そういう雑誌を見るほどに、ファッションとは人生の芸術だという思いがつのり、おしゃれであるよりも存在感のある人になりたいと思うようになる。やや極端なたとえを言えば、おなかが出るのは自然なこと。やせた若い男には出せないやすらぎやユーモアがそこにあるわけで、自信を持ってそれを表現する器量さえあれば、おじさんは十分セクシーだしファッショナブルなのだ、とそんな風に考えて過ごしてきた。だから、あらたまって「ファッションの領域で」、などと言われると混乱を起こす。産業としてのファッションを見るなら、顔を洗ってもう一度それを一から捉え直す必要があった。

ファッションはその本質においては人生の芸術である。しかし一方では巨大な経済を生み出すまぎれもない産業である。シルクや綿、麻、羊毛といった天然繊維から糸を紡ぎ、それを千変万化の仕立て方で生地に織り上げ、さらには才能ある服飾デザイナーの手によって生地は百花繚乱の衣服として表現され、流行の大波に乗せて世界へと送り出されていく。原料から流行の衣服へと変化する中に、めくるめく付加価値を発生させ、大きな経済を巻き起こしていく。それがファッション産業である。

衣服の流行は近代社会の成熟とともに、ここ二、三百年のうちに現れてきたものであるが、産業としてのファッションはさして古いものではない。フランスを中心として起こった近代ファッションは、第一世代のココ・シャネルが最初のブティックを開いたのがちょうど百年ほど前であるから決して遠い昔のことではない。ただし、ココ・シャネルの時代のように、服飾とその思想がイメージの衝撃波となって、純粋な流行の津波を世界に発していた時代はむしろ短く、流行は次第に、計画的で意図的なものへと変容してきている。ブランドが産業と言われるゆえんである。

僕は、短い間ではあったが、産業としてのファッションの仕組みを体感するために、パリで開催されている「プルミエール・ヴィジョン」という生地の見本市を視察した。そのときの見聞を少し記しておきたい。

プルミエール・ヴィジョンとは、いわば生地の巨大見本市である。「テーラード」とか「伸縮素材」とか「デニム」などというジャンルに加えて、「ぎりぎり展示に間に合ったものたち」などという独特のカテゴリーを含みつつ区分けされて、完全に即物的な「素材」

として展示されている。仕立て上がった製品見本などはむしろノイズになるのか、全く出されておらず、そのかわり、持ち帰ることのできる情報タグの付いた「スウォッチ」と呼ばれる布見本を入手できる。

ここに来るのは服飾メゾンのデザイナーかその片腕、あるいは資材調達担当者である。素材を見ながら新しい衣服の着想を膨らませるのか、あるいはすでにあるイメージに合致する素材を探すのか。

広大な会場には六〇〇から七〇〇社の出展ブースがある。出品されている全ての布素材は、すでに計画されている「流行のシナリオ」に則ったかたちで作られており、そのシナリオは、管理された複数の「流行色」とともに、ここで発表され、詳細な情報はパッケージ化されて高価な価格で販売されてもいるのである。

パリ発の流行は、トレンドセッティング委員会なるものが、計画しプロデュースする。流行を「書いて」いるのは、トレンドライターと呼ばれる、世界のクリエイションの動向に常に目を光らせている感度と知見の豊富な才能であるが、この委員会には、繊維産業界の重鎮や、行政の関係者も加わっている。どうやら産業の動向と時代を先導する感性とによって運営されているらしいのである。知人のリー・エーデルコートはトレンド・ユニオンという会社を主宰する有能なトレンドライターの一人であり、彼女の話やトレンドを解説するその口上には、いつも感心させられる。

流行のネタは、人の心を打つ要因であればなんでもいい。鳥類の羽の美しい色合いなどは勿論、世界に仏像ブームが起こりそうであれば仏像からでも、医療用の包帯や絆創膏の淡い色合いと静脈が透けて見えそうな青白い素肌との組み合わせからでも、流行は見出される。

僕が見せてもらった映像では「老人」からの流行が描かれつつあった。ローリング・ストーンズのミック・ジャガーは六十八歳になるが、確かに彼からは月並みな老いは微塵も感じない。むしろ、若者では決して醸し出せない魅力を持っている。目の回りの皺、枯れた身体、そして経験を重ねてきた感性と知性……。そういうものを敏感に嗅ぎ分け、トレンドライターは言葉を生み出し、色の系を選定する。「はやく老人になりたい」。この映像を見るとそう思う人も出てくるかもしれない。

このシナリオが繊維産業の最上流である糸の生産にまずは反映され、流行の色に染め上げられた糸から、同じシナリオの連続性の中でそれは布へと織り上げられていく。流行のストーリーを盛り上げていくためには、どんな色合いの、どんな肌触りの、どんなテキスタイルがふさわしいか、まずは素材レベルのクリエイションが展開されるのだ。もしここで足並みが揃わず、不協和音を呈する色の布が出回ったり、雰囲気を壊すような質感が注目を集めたりすると、流行のウエーブが小さなもので終わってしまう。流行の波は高いほど付加価値を生み出す潜在力も高い。

そういうわけで、流行のシナリオは、きちんと大人の計算としてフランスやイタリアの繊維産業の生産プロセスの中に、まさに織り込まれているのである。したがって、プルミエール・ヴィジョンに登場する生地の素材群は、そこでパッケージ化して販売されている「流行の情報」を反映済みなのである。

流行が織り込まれた生地から、同じシナリオにそって衣服がデザインされていく。パリやミラノの服飾メゾンには世界中から才能あるデザイナーやその予備軍が集められており、流行のシナリオに沿うにしろ反発するにしろ、ひとつの情報軸に従って服飾というクリエイションが展開され、それはパリ・コレクションやミラノ・コレクションといった情報の発射台から世界へと発信されていくのである。勿論、ファッション情報は衣服の創造性のみならず、批評の創造性もそこに掛け合わせられていく。素晴らしい仕事には目の覚めるような言辞が、その飛躍を助けていくのである。したがって、ファッションを語る語彙も、パリやミラノのジャーナリズムにおいてはよく練られている。

このような場所に日本のファッション・ジャーナリズムは情報を得るために大挙して「取材」にいくのである。これがファッション情報の流れに上流と下流ができる所以である。だから、もし日本にずば抜けて優れたファッションデザイナーがいたとしても、日本で仕事をしていたのではその仕事は世界に知られることはない。力のある服飾デザイナーが、わざわざパリやミラノに赴いて仕事を発表してきた理由はここにある。そして、そういう状況を日本のマスコミは「世界で評価される」と言う。

しかしながら、近年ではメディアの多様化や消費文化の変容で、ファッション情報の流れにも変化が起きており、裏原宿を起点とした強力なマイナー潮流の発生や、東京ガールズコレクションのような、情報の送り手と受け手との新鮮なインタラクションから流行のムーブメントが紡ぎ出されてくるような現象が多発している。

さて、ひるがえって日本の先端繊維である。日本の先端繊維は、「世界で評価される」わけにはいかない。なぜなら、すでに作られたファッション情報の流れに乗るということは、フランスやイタリアの産業の隆盛を加速させることと同義だからだ。求めるべきは「評価される」ことではなく、世界で「機能する」ことだ。まずは日本独自の新しい繊維情報の流れを主体的に生み出していくことである。そして「ファッション」からはむしろ程よい距離を置いて、衣服に限定されない、生活空間を通して人間をひとまわり大きく包含する新たなクリエイションの領域を生み出さなくてはならない。人間、環境、繊維が交差するところに、何か新しい価値、そしてときめきを見つけ出していかなければならないのである。

鶏口牛後のクリエイション

世界から評価されるのではなく、世界で機能するという主体性を持つ。これはしばらく意識し続けていることのひとつである。評価される、という受動性には、何か大きな力や文化に依存している甘えがある。「むしろ鶏口となるも牛後となるなかれ」とは中国の史記に出てくる言葉だが、大きな組織のしっぽになるより小さな組織でもその頭になった方がいい、というような意味だ。世界の仕組みは、金融にしても、エネルギーにしても、ファッションにしてもデザインにしても、西洋文化の岩盤のような知恵とエネルギーの蓄積を前にして、僕らはともすると遠慮がちになる。そして彼らの知恵を学び習得するほどに牛後につきがちである。勿論、謙虚に学ぶことは大切だ。しかし鶏の頭のように、小さくても果敢にくちばしを前に出した方がいい場合もある。

西洋文化の蓄積は確かに途方もなく分厚いし、産業や文化を世界に敷衍していく仕組みも見事なものだ。しかし、それで世界は十分であるとは言えない。東洋の端の方に芽生えた密やかな文化であっても、世界に寄与できる点が僅かでもあるなら、必要な場所にそれを機能させていけばいい。世界は常に新たな発想を必要としている。西洋文明の発想で進んできて行き詰まっている世界でもある。奢りや自惚れは慎まなくてはならないが、停滞する世界のお尻をぴしりと叩いて、従来とは異なる価値観に、目を見開いてもらうことも必要なのである。評価されるのではなく機能するとはそういうことだ。

僕は、グラフィックデザインにスキルを持つデザイナーであるが、久しくコミュニケーションの現場に携わって、「もの」ではなく「こと」の創造に関わってきた。イベントや展覧会、ブランドの構築など、人々の心の中に印象や価値観を刻み込んでいく仕事だ。「イメージ」などというと軽く聞こえるかもしれないが、世界は物質ではなく、イメージでできている。エルメスもアップルも、インドのタタ自動車もボルドーワインも、五つ星ホテルも大相撲も、人々の心の中にあるのはイメージの建築である。そしてよくできた堅牢なイメージは、丁寧に精巧に築き上げられているのである。

イメージを走らせている根源は、錬金術でも、巧みなブランドオペレーションでもなく、事を成すという能動的な情熱の持続だ。ある場合、それは集団の情熱であり、またある場合は個人の情熱でもある。決して消えない種火のように持続するそのこころざしを、生きとしたイメージに置き換えて、人々の心や感情の奥底に届けたり浸透させたりというのが「こと」のデザインであり、自分の仕事だ。ロゴタイプを作ったり、本を作ったり、パッケージデザインを手がけたり、展覧会をプロデュースしたりというのは、そういう仕事の一端に過ぎない。

そういう経験を重ねるうち、近年は自分ひとりのクリエイションだけでは到達できない、もうひとつ大きなクリエイションの可能性を感じるようになった。つまり、この世にある多様な才能や技術を目的に合わせて結集し、相応しい方向に力を発揮してもらい、その総体を一連の情報の束として編集し、生きた大きなメッセージとして世の中に解き放っていくようなプロジェクトである。

きっかけは二〇〇〇年に手がけた「RE DESIGN　日常の二十一世紀」という展覧会だった。これは身の周りの日用品をデザインし直す試みを通して、日常に蓄積されてきた暮らしの知恵の厚みへと意識の覚醒を促す展覧会であった。参加してもらったクリエイターは約二〇人だったが、多様な思索や感性を編み束ねていく作業を通して、僕は何かの鉱脈に触れたような気がした。多くの人々の発想をひとつのコンセプトに収斂させたそのメッセージは、思いのほか世界の隅々までよく浸透してくれた。

展覧会はそのあとも「HAPTIC　五感の覚醒」「FILING　混沌のマネージメント」「JAPAN CAR　飽和した世界のためのデザイン」などと続く。ここで取り上げてきた「TOKYO FIBER/SENSEWARE」もその一連の活動の延長にある。そして、そういうメッセージを出し続けるたびに、その根底に日本を意識してきたように思う。もう少し広げて言うなら、アジアを意識していたというべきか。繊細、丁寧、緻密、簡潔という言葉で、僕は日本の感受性を語ってきたように思うが、合理性だけではなく肌合いや感触を重視するのがアジアであり、自然と人工を対立するものと考えない、ゆったりと鷹揚に世界をとらえていく感性がアジアにはある。

経産省繊維課の要請を受け、「TOKYO FIBER/SENSEWARE」と題する展覧会を、僕は二〇〇七年と二〇〇九年の二度制作した。最初は東京とパリ、二度目はミラノと東京で開催し、二度目は招かれてその巡回展をホロン（イスラエル）で行っている。いずれも、ファッションやインテリア、プロダクツといった、既存のものづくりの枠にはまらない、人間・繊維・環境を大きくくくり直す新しいクリエイションを構想した。家具とも、衣服とも、プロダクツとも言えない、しかし具体的な未来を展示物として表現してみようと考えたのだ。

プロジェクトに参加いただいた人々や企業は様々なジャンルに及ぶ。建築家、デザイナー、メディア・アーティストなど個人のクリエイターはもとより、ハイテク家電メーカーや自動車メーカー、バーチャルリアリティの研究者や植物アーティスト、ダンスパフォーマーなど実に多彩である。極まった才能や実績のある企業に参加してもらうことは容易ではないが、参加に見合う興味や意欲を喚起するべく、企画の面白さとその標的を丁寧に構築していくのが自分の役割である。多くの才能と職能、技術と感性とが生み出す創造の成果を展覧会にして、人工衛星を打ち上げるように世界に打ち出していくのだ。

二つの展覧会はいずれもイベントとしては希有な動員を記録したが、ここでは二〇〇九年に制作した、新しい方の「TOKYO FIBER」について語ってみることにする。この展覧会がひとつ前の「TOKYO FIBER」と異なる点は、化繊協会に加盟する化繊大手七社がそろって参加者となった点である。〇七年の展覧会もそれなりに魅力的かつ詩的な繊維をそろえたつもりであったが、大手の専門メーカーから、日本の繊維を表現するならさらに先鋭的な技術として見せたいという指摘を受けた。まだまだ新技術への踏み込みの余地があるだろうという提言である。それならば最先端を打ちそろえて表現してみようということになり、帝人、東レ、旭化成、三菱レイヨン、ユニチカ、東洋紡、クラレの七社があらためて主役となり、素材を提供することとなった。

プロジェクトは、まず七つの繊維メーカー一社ずつから、繊維素材に関するオリエンテーションを受けることから始まる。世界に示したい先端性を持つ繊維がいかなるものか。これは説明を聞くほどに興味深く、クリエイションへの意欲が刺激されていく。たとえば、旭化成の「スマッシュ」という不織布は、熱可塑性が高く、驚くほどダイナミックに立体成形ができる。紙なら微細な起伏を彫刻的に付与するエンボスなどの技術が立体成形技術として知られるが、「スマッシュ」の場合、プリンのカップほどの高さが平面の状態から平気で押し上げられる。まるでプラスチックのような驚異的な可塑性をもった繊維なのである。

東洋紡の三次元スプリング構造体「ブレスエアー」は、高弾性モノフィラメント、つまりノズルから素麺ほどの太さで射出成形して作り出す立体ブロック状の素材である。射出されたらすぐに固まって、全体の九五%が空気というふかふかの立体物となる。ウレタンやスポンジの代替物になるようだが、ノズルから射出成形するという製法が面白い。現状では新幹線のシートのクッション素材として活躍しているという。

三菱レイヨンの光ファイバー「エスカ」は、コンクリートに埋め込むことで面白い建材となる。層状に積層させてこれを大量かつ均等にコンクリートに埋め込んだのはオーストリアのルコン社という建材メーカーだ。要するに光を通す半透明のコンクリートができる。強度は通常のコンクリートを上回る。光も音も遮断するのがコンクリートの特徴だったことを考えると、この素材の登場で建築のリアリティが一変しそうである。

帝人の「ナノフロント」は髪の毛の七五〇〇分の一という気の遠くなるような超極細ポリエステル繊維である。目にも見えないナノファイバーで織り上げられる布は、通常の数十倍の表面積と空隙構造を持っているので、ミクロン以下の油膜や微細な埃などをのがさずスムーズに吸着する、卓越した拭き取り性能を発揮する。

ユニチカの「テラマック」はトウモロコシなどから作られる高分子素材で、これはプラスチックのようなかたまりとしても、シート状にしても用いることができるが、ノズルから細いフィラメントとして射出し、それを特別な製編技術で編み上げることで立体ファブリックとして用いることができるという素材である。原材料が植物なので生分解性が高い。

つまり地面に置いておくと自然に土に還る。

クラレの「クラロンEC」は導電性繊維である。つまり電気を通す繊維。ナノサイズの金属微粒子を繊維に複合させているので、屈曲や摩耗に強く、導電性が落ちない。こういう素材が登場すると、電気製品は柔らかくなる可能性が出てくる。「ON」と印刷してあるTシャツの部分に触れるとスイッチが入るとか、ジーンズの太もものあたりに柔らかい布のキーボードが装着されているとか、そういう製品の出現をイメージさせる。

東レの炭素繊維「トレカ」は鉄よりも強く軽い素材。釣り竿から人工衛星まで、多様な用途に使われる。金属の数倍の強度が半分以下の重さで実現する。

大手七社ではないが、サカセ・アドテックという会社の「三軸織物」もすごい。通常、繊維は縦糸と横糸を直交させて布という面を織りなしていくのであるが、三軸織物は、一二〇度の角度で三方向に交差し織り上げられた数理の結晶のような織物。可塑性の高い繊維をこの技術で織り上げプレス成形すると、なめらかな三次曲面を持つとても美しい立体織物が出来上がる。通常は人工衛星などの宇宙素材として使用されているそうで、普段は確かにあまり見かけない織物だ。

解説を始めるときりがないが、これらの繊維はもはや普通の「布」ではない。これらを用いて何が生み出せるか。用途が決められてからその形を考えるのではなく、そこに潜在する可能性を可視化するのもデザインの重要な仕事だ。そういうことができる機会の到来に、情熱がふつふつと湧いてきたのである。

異国で日本の未来にたどり着く

日本のハイテク繊維の実力を可視化する「TOKYO FIBER '09/SENSEWARE」展は、ミラノ・トリエンナーレにおいて開催された。まずは東京での開催を期していたが、予定していた会場の都合で、海外での発表が先になった。この場所を選んだ理由は、やはり世界のものづくり産業の耳目がここに集中するからだ。伝えたいことは逃げ場のない舞台で悔いのないように演じきりたい。

参加してくれたクリエイターたちの仕事は、予想通りの充実ぶりであった。展覧会のコンセプトをつくり、素材を割り振ってものづくりを依頼するということは、台本を書き、配役を決めて役者に演技を依頼するのに似ている。役者たちはそれぞれ独特の方法で割り振られた役を咀嚼し、期待をはるかに超える演技で観客を沸かせた。

ファッションの分野で活躍するミントデザインズの二人組は「スマッシュ」という熱可

塑性の高いポリエステル長繊維の不織布を用いて、立体的な「マスク」をデザインしてくれた。花粉症の蔓延やインフルエンザの流行で、近年はマスクをしている人が増えた。衣服をプロダクトデザインとして捉えるミントデザインズは、立体成形が自在にできるモールディング・ファイバーの特徴を、身近なプロダクツとして表現してくれたのである。

実際に制作したのは、人の顔と猿の顔をかたどった立体マスク。いずれも鼻を含む顔の下半分をすっぽり包む。人面マスクをかけると誰もがおおむね整った顔立ちに見える。装

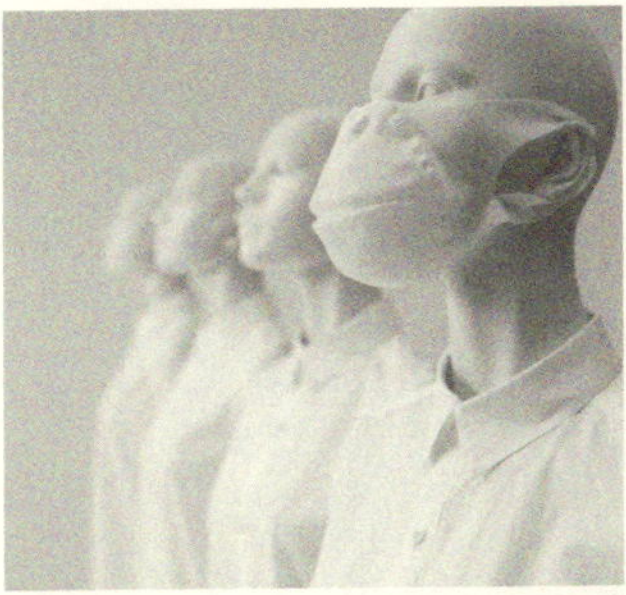

ミントデザインズ「to be someone」
使用素材：スマッシュ

着すると妙にとりすました印象となり、そこに不思議な可笑しさが生まれる。猿の顔は、口蓋部全体が突出しているので、その分、鼻や口を覆う空間にゆったりした余裕が生まれて装着感がいい。これを付けると、誰もが映画《猿の惑星》の主人公のように見える。したがって、マスクをするという行為に新鮮な諧謔を持ち込むことができるのだ。これは印刷もできるので、図柄を刷り込むことでマスクはさらに主張の強いものになる。カラフルな模様のついた猿顔マスクを装着し、平然と電車に乗ることができれば人々の目はそこに釘付けになるだろう。ミントデザインズは自分たちのコレクションを発表するファッションショーでもこのマスクを用いた。

アーティストの鈴木康広は、空気のような立体繊維「ブレスエアー」で、「呼吸するマネキン」を作った。最近のマネキン人形は見惚れるほどリアルなものもあるが、いかんせん動かない。しかし鈴木康広のマネキンは動くのである。自分自身を型取りした中空の等身大の人形をこの素材で作り、透明アクリルを背骨として自立させる。中空部に透明な糸を神経系のように張りめぐらせ、その糸をコンピュータ制御で床の下から絶妙の間合いで引っ張る。結果として身体の一部が凹んだり膨らんだり、まるで生きて呼吸しているように動く。ヘチマの繊維のような三次元素材の中に紛れ込んだ透明糸はほとんど見えない。

したがって観客は、三体並んだ不可思議な中空マネキンの不可思議な呼吸を、魔法を見るように唖然として見つめるのみである。

現代アートのように潔癖に植物の美を引き出す作風で知られるフラワー・アーティストの東信には、会場の真ん中に有機的なかたちの苔の湿地帯をつくってもらった。素材はトウモロコシなどを原料とした生分解性を持つ繊維「テラマック」である。立体に編み上げられた分厚いカーペット状の繊維を、人工土壌として利用し、東信は大量の苔をその上に

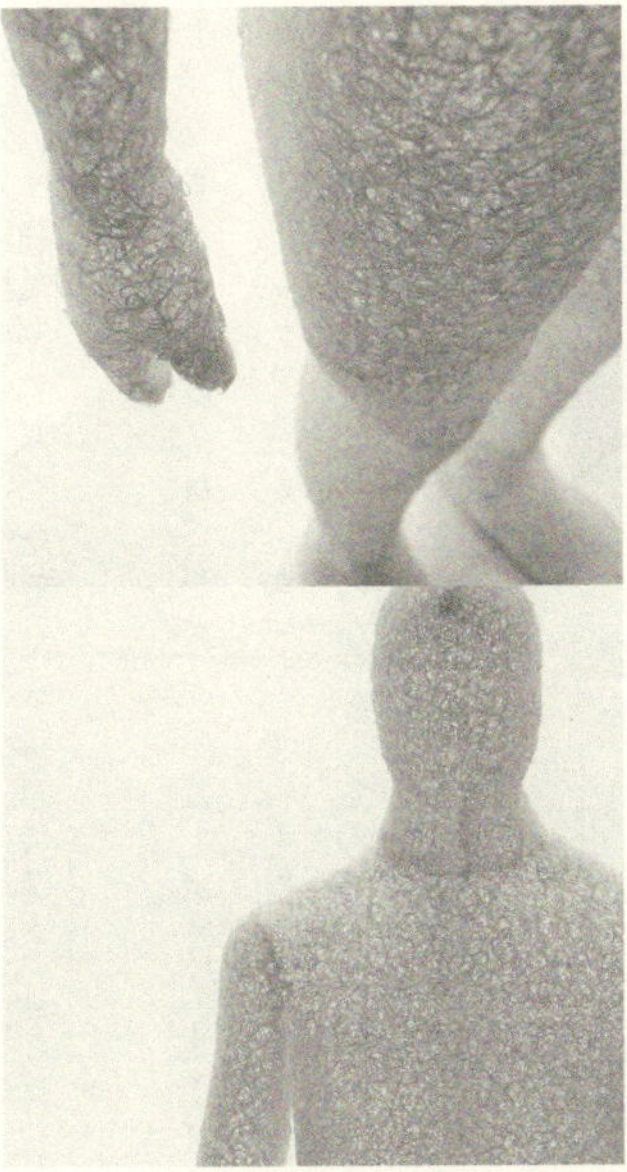

鈴木康広「繊維の人」
使用素材:ブレスエアー

生けた。曲線的な境界を描いて繁茂する苔は、床に対して凹んだ窪地として出現する方が面白い。

そのため、会場の床全体をあらかじめ十五センチ底上げした。そうすることで白いカーペットで覆いつくされたフラットな空間に忽然と湿地が現れる。どこまでが人工でどこまでが自然かはもはや分からない。その境界を飄々とまたいでいく表現である。

炭素繊維に挑戦してもらったのは建築家の坂茂である。再生利用できる紙管を建築資材

東信「苔時間」
使用素材：テラマック

として活用したり、斬新な木造で新しいポンピドゥーセンターの設計を手がけたりしている。その素材の運用には独特の切れ味がある。炭素繊維の引っ張り強度は他のどの素材よりも優れているが、素材のコストは高めで、単体での加工も難しい。そこで軽量な一・五ミリ厚のアルミニウム板の表裏に〇・二五ミリの薄い炭素繊維を貼り付けて強度と軽さの両立をはかり、子供が小指で持ち上げられる超軽量の椅子を制作した。展覧会用のプロトタイプとして数脚しか完成していないが、巨体の本人が座ってもびくともしない椅子であ

坂茂「カーボンファイバーのイス」
使用素材：テナックス

りながら、横から見ると針金のように細い。

建築家の青木淳は、街角を優美に彩るルイ・ヴィトンの路面店のファサードなど、手がけてきた建築と同様の革新的なまなざしを炭素繊維に振り向けてくれた。その結果、片持ち梁の構造をもつ、つまり踏切の遮断機のような長い腕をもちながらほとんど「たわみ」のない照明器具が誕生した。重力によって、長いものはたわむ。そういう感覚的常識を超越した照明器具は、六メートルの長いアームで苔の湿地を一直線にまたぎ、その先に並んだ四脚の椅子を悠々と照らす。

パナソニックは、髪の毛の七五〇〇分の一という超極細繊維「ナノフロント」を用いて、「拭き掃除ロボット」を制作した。目に見えないほど細い繊維は、通常の数十倍の表面積と空隙を持つので、微細な油膜や埃まで逃さず拭き取れる。ちょうど雑巾くらいの大きさの平たいロボットは、横から見ると真ん中で「へ」の字に折れ曲がりながら、尺取り虫のように軟らかく動いて床を拭く。靴を脱いで部屋に上がる日本では、床は塵ひとつなくピカピカに磨かれているのが理想である。会場にしつらえられた木の床の上を、センサーの明かりを明滅させ、汚れを探知しながら蛭のように這い回る数台のロボットはまるで本物の生物のようで、ミラノの観客に静かに深い戦慄を与えたのである。

パナソニック株式会社デザインカンパニー
「FUKITORIMUSHI」
使用素材：ナノフロント

無数の光ファイバーをコンクリートの中に整列させた「光を通すコンクリート」を担当したのは建築家の隈研吾である。隈研吾は、この素材をショートケーキのような二等辺三角形のブロック状に切り出し、尖った方を内側に向けて集積させて小さなパビリオンを作った。ショートケーキ型にすることで外と内部の表面積に差異が生まれ、外部からの光が一・八倍に増大されて内部へ導入される。石やレンガ造りの建築は壁に開口部としての窓を設け、そこから光を室内に呼び込む。日本の障子のような半透明なスクリーン越しの採

隈研吾「CON / FIBER」
使用素材：エスカ

光とは対極的な発想である。しかし光を通すコンクリートであれば、物質としての重量感を保持しつつ透明性を得ることができる。それによって、壁や窓といった区分がかき消されて両義的な空間が生まれる。小さな規模ではあったが、建築的には実に大きな可能性が出現したことになる。

熱可塑性のある不織布「スマッシュ」を、キノコのようなかたちの照明器具として表現したのはデザイナー、nendoである。膨らむ前の風船に「スマッシュ」をかぶせ、熱湯の

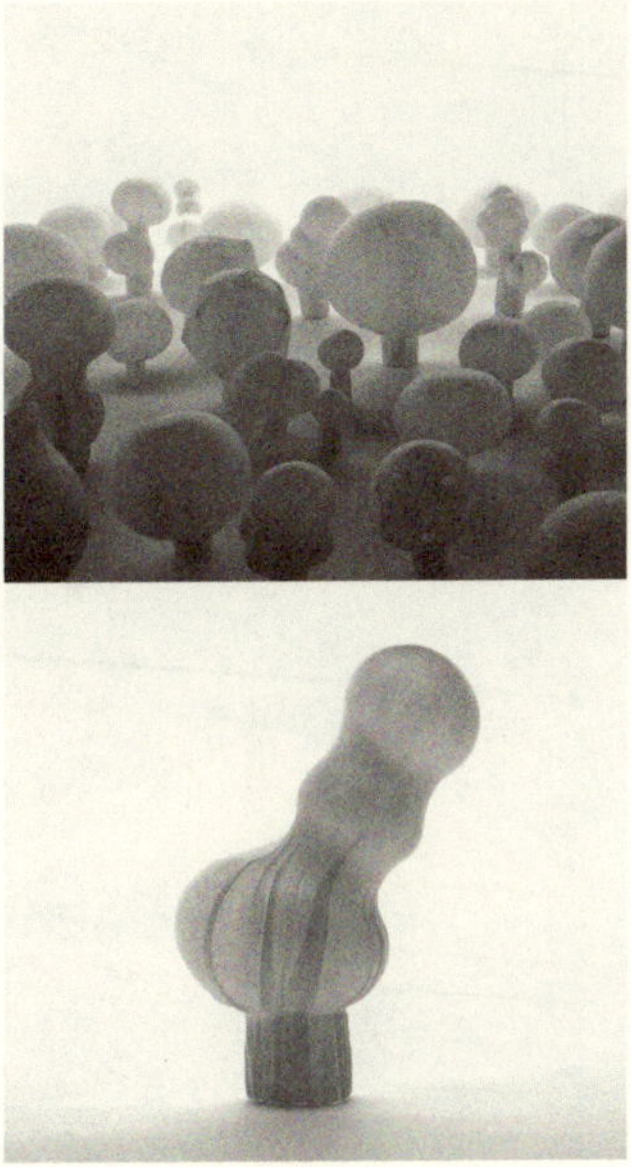

nendo「BLOWN-FABRIC」
使用素材：スマッシュ

中で膨らませる。するとあたかも吹きガラスのように、不織布は風船の形にぴったり添いながら膨らむ。熱湯から出し、風船をすぼませて取り出すと抜け殻のようなランプシェードが出来上がる。ひとつとして同じかたちのない風船の抜け殻。そこにＬＥＤ光源が装塡されると照明器具が完成する。シームレスに出来上がったかたちと、透過光で浮かび上がる有機的な繊維の質感。これが百を超えて密集すると、群生したキノコや菌類が発光しているように見える。調光器でゆっくりと光量を変化させると、まるで呼吸しているかのようだ。思わず息をのむ光景である。

参加してもらったのは日本のクリエイターだけではない。イタリアを代表するプロダクトデザイナー、アントニオ・チッテリオには、伸縮性と強靱さを併せ持つマルチレイヤーのストレッチ素材を用いて、「形の変わるソファ」をデザインしてもらった。世界で最もたくさん売れている高級ソファをデザインしているチッテリオは、座る家具の基本を知りつくしている。楕円形のソファは、見かけは平らなベッドのようだが、手元のスイッチを

アントニオ・チッテリオ
「MOSHI-MOSHI」
使用素材：ファイネックス

押すと、座面の中央から背もたれが隆起してソファになる。角度調節も無段階にできる。ひとつのソファに隆起する背もたれが方向違いに二カ所ある。なぜソファはこうではなかったのかと、目からウロコがぽろりと落ちる。

クルマメーカーの日産は、「キューブ」というクルマを「笑うクルマ」に改造することを許してくれた。四分の一のスケールモデルに限っての話であるが。しなやかで強靱なストレッチ繊維で表皮を作るなら、クルマは「微笑む」ことができる。クルマのフロント部

日産自動車株式会社デザイン部＋
日本デザインセンター原デザイン研究所
「笑う車」 使用素材：ロイカ

分は元来、人間の顔のメタファであり、クラクションは言わば「威嚇」であるが、もしもクルマが「微笑」を表現できるなら、街角は相当に和らぐはずだ。「笑うクルマ」は、ハリウッドで動物や宇宙人などの表情をメカニカルに表現する「アニマトロニクス」を専門としている会社に依頼して、自然な表情の動きを実現してもらった。微笑は大仰な笑いと違って案外難しいのであるが、この会社に蓄積されている精密な技術ノウハウでクルマは観客に自然に微笑むことができた。

このクルマの制御装置が壊れて一時笑いがぎこちなくなるなど、僅かなハプニングはあったが、展覧会は十日間で三万八〇〇〇人という記録的な動員を得て幕を閉じた。

「SENSEWARE」展は、受けられるだけの取材を受け、メディアへの露出は二〇〇件を超えた。いくつかのメディアが丁寧な記事を書いてくれた。うれしかったのは「展覧会というものは、少なくとも過去を紹介するものであったが、ここでは明らかに未来が表現さ

「TOKYO FIBER '09/SENSEWARE」展
ミラノ・トリエンナーレ会場風景

IBER'09
ENSEWARE

れている」という評である。「とても日本的である」と評する記事も一つや二つではない。僕はこの展覧会にはいっさい日本の伝統を表象する記号は持ち込んでいない。先端的なテクノロジーと素材を携えて、未来を可視化しようとするクリエイションを、欧州のメディアはそう評したのだ。今、世界が日本に期待するものの手応えを、僕はその言葉から感じ取ることができた。先端繊維とともに異国で日本の可能性にたどり着いた瞬間である。

ミラノ・トリエンナーレ会場風景。展示物は着色しない繊維で構成されているため、白い空間となっている。

6

成長点——未来社会のデザイン

東日本大震災から

東日本大震災の犠牲となった方々に心より哀悼の意を表したい。同時にこの災害を、日本の未来に真剣に向き合う歴史的な句読点と考えたい。この災害を乗り越えていくには、大津波による甚大な破壊と放射能汚染という特殊な事態の二つを克服する必要がある。成長期を過ぎて人口も縮退に向かう日本の現状を踏まえつつ、そこにどのように向き合うべきなのか、今考えられることを記しておきたい。自分の専門はコミュニケーション・デザインである。したがって、具体的な復興に関連して人々の知恵の流れをどう受けとめ、どう編集・活用していくか、そしてこの大災害を起点に、いかなる意欲やヴィジョンを世の中に呼び覚ましていけるかについて考えてみたい。

大津波に襲われた三陸リアス式海岸の沿岸部、大槌、釜石、唐丹、三陸、大船渡、陸前高田、そして気仙沼を見てきた。大きな時間の中で津波の被害にさらされてきた地域は、海の浸食による入り組んだ海岸線を持つ。その風光が痛々しく胸に刺さる。まさにこの風土をつくってきた同じ波によって、そこに築かれてきた人間の街が途方もない破壊に直面したのである。

藁や木の家の時代は過ぎ去り、街はいつしか鉄やコンクリートでつくられるようになった。その堅牢な街が自然の猛威に押しつぶされた。廃墟と化した被災地には処理の困難な瓦礫が果てしなく堆積している。コンクリートの電柱は鉄筋を引きずり出されて倒れ散り、壮絶な破壊力の指標と化している。原形を残さず壊れ果てた街の残骸に乗り上げている船舶の巨大さは、破壊の地平に形容しがたい虚無感を漂わせている。

被災地の空気に触れ、僅かながら現地の人々と接した感触から得たことは、いわゆる復旧や復元ではなく、新しい未来型の構想を、土地の人々の意志とともに育てていくことが最も重要だろうということだ。現地の人たちにとっても、日本の他の人々にとっても、そして世界の人々にとっても、ここに新たに人知の先端が育まれていくというイメージが大事になるのではないかと直感したのである。

復興は、短期から長期へという展望の中で計画されるだろうが、まずは被災生活の物的・精神的援助と、仕事の創出がさしあたっての課題となる。仮設住宅のような居住の確保については、コミュニティや人間関係への配慮を十全にという声が多方面から聞かれ、この点については阪神淡路の経験が生かされているのを感じた。

問題は、壊滅的な被害の出ている街や産業をどう立て直していくかという長期の復興計画だ。元来、震災がなくても過疎化や老齢化など、縮退していく日本の構図がそのまま現れている地域でもある。多くの犠牲者を出し人口を失っている地域を復元してもものごとは明るい方向には進まない。高度成長とともに人口が増大している時であれば、被災の傷跡は街の自然な成長や拡大によって徐々に覆われていったかもしれない。しかし縮退する日本ではそうはいかない。老齢化に向かう人々が安心できる暮らしを取り戻すことは勿論重要だが、それだけでは足りない。複数の街や港をまとめて、都市機能や港湾機能の効率化をはかるような、抜本的な都市の再創造が模索されている。

津波被害の後、真っ先に検討されるのは、津波の及ばない高台に街を作って、低地の居住をやめるという構想である。低地は確かに津波に弱い。だからそういう案を採用する町や村もあるかもしれない。しかし、解決策はそれだけではないだろう。おそらくは、建築や土木技術の先端性を携えて、異なる視点からの提案ができる人々がいるはずである。中国など、アジアの新興国において、世界の知恵を集めて立案される都市計画には、これまでの常識を超えた斬新なプランが散見される。人類はレンガの時代もコンクリートの時代も通り越えて、頑強な人工地盤を構築できる時代に入ってきた。したがって復興計画においては、港に近く温暖で景色もいい沿岸部に、集団居住のできる丘のような規模の新たな都市のかたちが構想できるはずだ。

法律に準拠して考えると、復興の道筋は、まずは中規模の津波や台風から土地を守ってくれる「防潮堤」の再建からなのだろうが、ここに莫大な予算が費やされてしまうと未来を考える創造の領域がどんどん浸食されてしまう。防潮堤を一メートルつくるのに一億円かかると言われている。被災地に南北一三〇キロの防潮堤をつくると、それだけで一三兆円かかってしまう。これだと復興予算の大半がここに注がれることになる。ならば百年に一度の大津波が来た時には流れ去ることを前提にした施設と、確実に人命を守れる強大で堅牢な人工施設とを峻別し、組み合わせるのはどうだろうか。無常を受け入れる気構えが日本人にはある。だからいざという時には、消え去る宿命を受け入れる気構えも必要だろう。つまり全ての海岸線をコンクリートで覆うのではなく、海岸線を自然のままに戻していく場所もあっていいのではないかと思う。

三陸沖は世界でも指折りの恵まれた漁場である。ここに漁業や水産加工業を復活させることは十分に可能だろう。日本からでも世界からでも、現地の人々や産業を助ける資金は集まるはずである。また被災地域の平野部も、稲作だけではなく酪農や野菜の農地としての潜在性も高い。これを契機に集約的に事業性を見直すことができれば、農の未来に対しても意欲的な構想が描けるかもしれない。要は若者がそこに新たに移り住みたくなるような魅力や希望を、復興プランにどう盛り込めるかである。

しかしともすると、復興を手堅く進めようとする心理や、大災害の喪に服そうとする配慮が働いて、可能性の幅を狭め、殺伐と現実的な計画が描かれてしまいがちである。身の丈にあった、その土地の遺伝子を携えた計画を、と言われれば、余計な関与は慎みたくなる。しかしそこは考えどころである。日本の新幹線は素晴らしいが、その駅舎や駅前の風景は心がすさみそうなほど画一的である。そういうものをここで再び作ってはいけない。できることなら日本中の、あるいは世界中の知恵を集めて、こういう機会がない限り実現し得ない、気持ちが前に乗り出すような未来ヴィジョンを、ここに投影してみてはどうだろうか。

一部の建築家たちは何を提案すべきかの議論を開始していると聞く。今日の日本は建築的才能の宝庫でもあるのだから、こういう時こそその知見を存分に発揮してもらいたい。大学の研究機関やシンクタンクなども、独自の研究分野からの成果をぜひ披露していただきたい。

たとえば、縮退する日本社会を前提とする都市構想を提言してきた東京大学の大野秀敏教授の「巡回公共サービス」などは、こういう局面で実現できるのではないかと思う。それは車両型に設計された「病院」や「図書館」「映画館」「アスレチックジム」が、順繰りに複数の街を巡回していくという構想である。車両はそれぞれの街に専用に作られた建築施設にぴたりと収まるように設計されているので、車両の中身が変わるたびに施設のサービス内容も変わる。病院は次の日には映画館になる。その次の日には図書館になる。こうして隣接する複数の街が低コストで多様な輪番サービスを共有するというアイデアである。

6　成長点

環境やエネルギーの研究者たちは、低炭素・低エネルギー社会の推進に向けて案を練りはじめているはずだし、ハイテク関連製品のメーカーは、蓄電池の技術を基軸とした新しいエネルギー流通のシステムやその実用化へのシナリオを、予定を前倒しにして加速させているはずである。若いデザイナーたちも、国や自治体からの具体的な要請がなくても自発的に活動を展開しはじめている。

こういう無数の知の成果を受け入れる巨大なパラボラアンテナのような仕組みこそ、復興のグランドデザインに相応しいのではないかと僕は思う。中央集権的な上意下達ではなく、多種多様なアイデアの受容に最大の力点を置く仕組みである。

より多くの知恵を交差させ、互いにぶつけ合いながらアイデアの精度を上げ、それらを分かりやすく編集し、相応しいメディアを通して被災地の人々に届けていけばいい。被災地の人々はその提案を必ずしも受け入れる必要はない。しかし現実に追われる日々の中では考えつかない画期的な着想を手にする機会は飛躍的に増えるはずだ。

メディアは様々にあるが、こういう場合はネットもさることながら書籍や雑誌がいい仕事をするような気がする。震災直後の時期に誰がなにを考え、いかなる提案をしたか。そのドキュメントを正確に記録する媒体としては、流動性の高いネットよりも情報が固定できる印刷媒体の方が信頼度も高いし使い勝手もいい。被災地で、うどんでも食べながら「この案はけしからん」とか、「これは案外参考になるかもしれない」などと、街場の討論は雑誌などの方が活性化しそうである。しかるべき機関が編集と発行を担い、アイデアの蓄積に応じて続々と号数を重ねていけばいい。ネットは勿論、並行して用いられるだろうし、知恵を交流させるハイウエイの役割を果たすだろう。被災地だけではなく、日本の他の地域や、世界の人々とこれらの情報を共有することができたら、東北は希望の成長点へと転じていくはずだ。

復興案は、それが実際に採用されたかどうかよりも、いかに人々を勇気づけ多くの覚醒を生み出せるかという点に価値がある。仮に採用されない復興計画であっても、着眼の鮮度で、現地の人々の目を輝かせることができれば十分ではないか。アイデアは被災地に限らず、どこでも再利用可能である。超然と未来を展望するヴィジョンや可能性が東北から溢れ出るようになると、未来はきっと明るくなる。

原発事故については、まだ予断を許さない状況だが、自分にできることは放射能に対する基本的なリテラシーを、新たな常識として社会に浸透させていくことに協力することである。原発の是非を今、突き詰めすぎると被災地は逆に追い込まれてしまう。まさに逃げ場を失ってしまう。

放射線を無闇に恐れるのではなく、その危険度を適正に判断できるリテラシーを向上させることが先決である。風評被害は、農作物や漁業だけの問題ではない。観光立国をめざす日本にとっても深刻な事態である。すでに日本を訪れる観光客の客足はぴたりと止まっている。工業製品すら日本製品の輸入を制限する国が出はじめている。放射線リテラシーを世界に浸透させなくては状況の好転はない。

日本は、これを契機に低エネルギー消費、再生エネルギー利用の先進国へと脱皮していけるはずだし、原発は新たなフレームの中で再考を余儀なくされるだろう。安全性もさることながら、原発は処理の困難な廃棄物を残してしまう点に根本的問題を抱えている。クリーンエネルギーに切り替えていくことには賛成である。しかしその前に、放射性物質や放射能についての理性的な対応力を世界にアピールしていくことが必要である。まずは高い密度と精度を携えた、客観的で説得力のある放射線量の測定から始め直す必要があるだろう。これは原発事故に遭遇してしまった国の避けられない課題である。

僕のいる日本デザインセンターでは、若いデザイナーやコピーライターたちが中心となって、「演出しない」「主張しない」「世界の人々に分かりやすく」「可能な限り正確に」という方針で、色彩や形態といった視覚言語の運用を統一した、地震や放射線量などのデータのグラフ化をウェブ上で始めている。

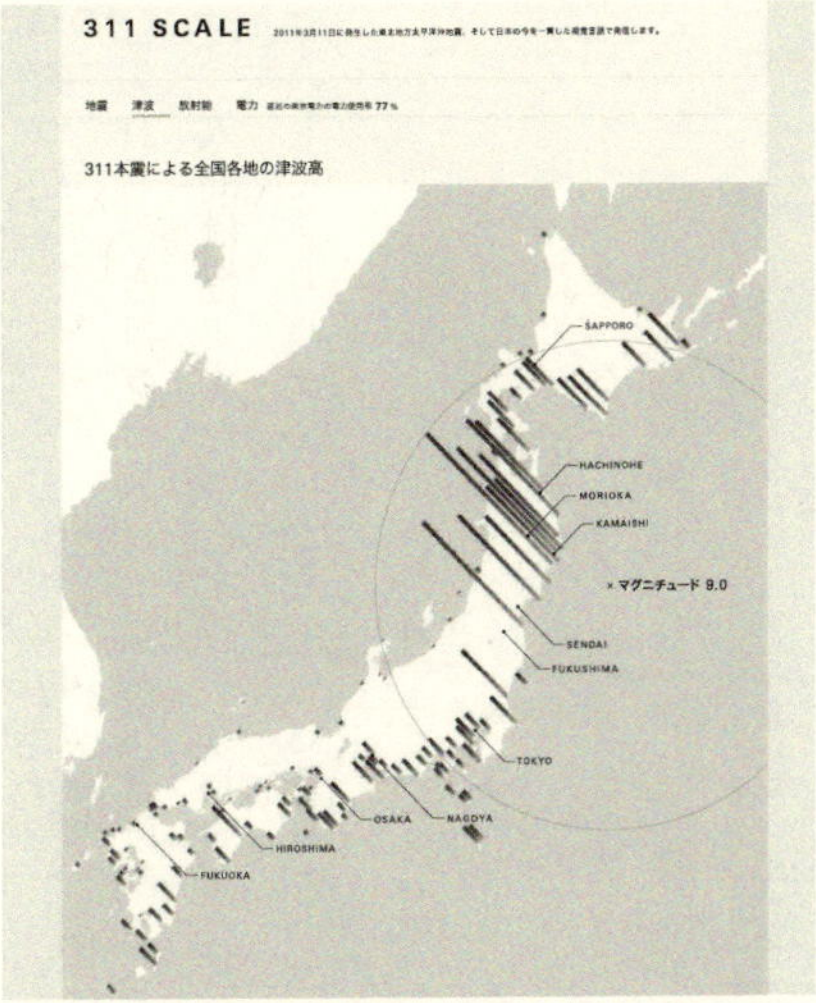

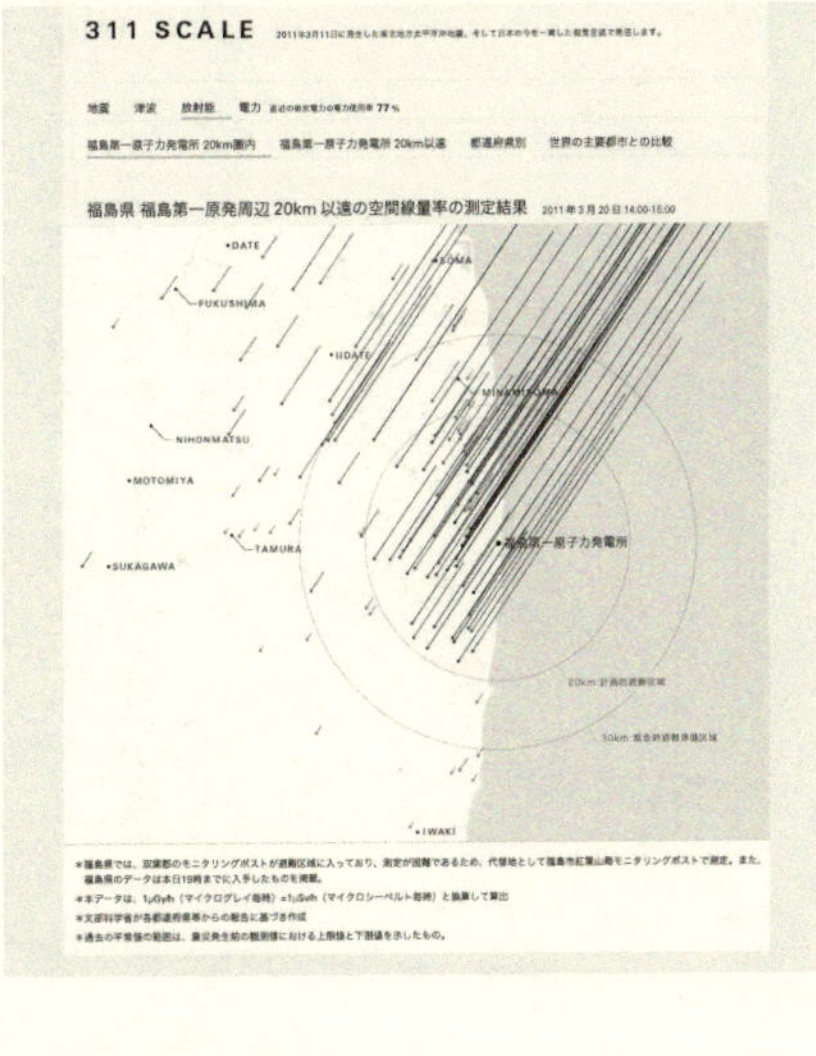

東北地方太平洋沖地震と日本の現状を一貫した視覚言語で発信するウェブ上のプロジェクト「311 SCALE」より「津波」(上)と「放射線」(下)部分

ものやことを作り出す立場の人間としては、正直に言ってこの巨大な破壊や汚染はこたえた。しばらくは何かを作り出すことに対する意欲が湧いてこず、沈鬱な気分に沈みがちであった。しかし、こういう時だからこそ、事態を前向きに考える気概も必要である。受け入れるべきは受け入れ、慎むべきは慎みつつ、前に進み未来を構想する。長い歴史の中で、人間は倦まずたゆまず、そうして大きな困難を克服してきたのである。今回の災害もそうして乗り越えていかなくてはならない。

大人たちのプリンシプル

現在の日本では、子供用のおむつよりも、大人用のおむつの生産量が多くなったそうだ。あと四十五年で人口の四割以上が六十五歳以上になるという。実に寒々しい話である。日本は世界に先駆けて人口縮退社会に突入する。この現実をいかに冷静に捉えることができるかがこの国の未来を左右する。

人類は記録に見る限りは増加を志向する生物であった。氷河期などの気候変動に起因する人口の減少や、疫病の大流行や戦争がもたらす人口減少はあっても、安定した営みが継続している状況での人口減少はこれまでなかったのではないか。レヴィ＝ストロースなどの文化人類学者があぶり出してきた人類の営みは、繰り返し繰り返し生の横溢を謳歌する行動パターンであり、女が男に「贈与」され、男の所有となるような文化の「型」も、巨視的には子孫の繁栄、すなわち人口の増加を暗黙裡に豊饒のバロメーターと認識してのことではなかっただろうか。

しかしながら人類はついに減少を始めたのである。成熟した文明社会において、女は出産と育児という、自身の社会的能動性を制限する要因をできるだけ低く小さく抑えるようになり、子供を産んでも一人だけという傾向が徐々に顕著になりつつある。世界の趨勢はそれでもまだ増加傾向を示しているが、先進諸国の大半は人口減少へと進路を変えようとしている。これは人間世界の本質が変わっていく、非常に大きな変節点なのかもしれない。

王や独裁者が君臨する社会において、個の自由は抑圧されてきた。しかしそれでも人々は増え続けた。国と国との軋轢が個人を押しつぶすような大きな戦争を経ても、人類は増加を続けた。原子爆弾が投下されて何十万人という命が一瞬で奪われても、それでも人々は増え続け、都市はやがて破壊前を凌ぐ人口であふれた。しかし今、かりそめといえども平和の中で人類は減少を始めたのである。子供を産み育てる繁栄の喜び以上の享楽がそこに見つかったからか。あるいは存続への本能がこれ以上の増加を危惧して過度な繁殖にブレーキをかけているのか。

日本は、そのような趨勢の先頭を切って、老齢化社会へと移行しているのである。昭和の初めに六〇〇〇万人だった日本の人口は、二〇〇〇年を過ぎる頃には倍以上の一億三〇〇〇万人近くに達したが、今後は同じ歳月をかけて縮小し、今世紀の終わり頃には再び六〇〇〇万人程度になると言われている。日本になにが起きているのだろうか。

成熟した市民社会、つまり絶対的な力や権力による抑圧がなく、ひとりひとりが自由な意思で生きていく仕組みが成熟した社会において進化するのは、ものや情報の「平衡」と「均衡」への感度であろう。ピラミッド型の上下関係や中枢を持つ組織構造は、メディアの広がりや浸透とともに徐々に機能しにくくなり、価値や情報は無数の知が連携する開かれた環境の中で再評価されていく。今日の政治がやりにくそうに見えるのは、政治家のみが情報を握っているのではなく、同等の情報をすでに一般の人々も手にしており、場合によっては政治よりも先に、集合知のネットワークを通して問題解決の方向性に見込みがつけられているからに他ならない。つまり、シナリオの先の展開を固唾をのんで見守るというよりも、予想通りに筆を運ばない脚本家に、ドラマの視聴者の方がじれったい思いをしているという構図か。

放射能汚染にしろ、相撲の八百長事件にしろ、情報の開示が叫ばれている背景には、いかなる問題にしろ、中枢の人々が密室で解決にあたるのではなく、開示と共有を通して無数の知の連鎖にそれをゆだねることによって、より早く最適な解答にたどり着けるのだとという発想が常識化しはじめているからだろう。熱い衆愚ではなく冷静な集合知が、最も無駄なく合理的な解決をもたらすだろうという、これは思想というよりもある種の感受性のようなものが社会の中で機能しはじめている。

個々の人々の自由が保証され、誰もが欲しいだけ情報を入手することのできる社会においては、人々は平衡や均衡に対する感度が鋭敏になる。したがって「夜なべをして手袋を編む」ような、アンバランスな献身性を発揮して子育てや家事にいそしむ母のイメージは支持を得られない。女性は社会の中に相応のポジションを得て、賢く損のない人生を生きようとする。少子化の根は、育児にお金がかかるからという単純な理由にあるのではない。全ての人々が自由を享受する社会の趨勢に根をおろした現象なのである。

しかしながら、そうした新たな常識の裏側にも個人への抑圧は潜んでいる。「解放」と「共有」という、合理性の連鎖を促す社会意識そのものに、特殊な抑圧が含まれていると僕は思う。

たとえば「コミュニティ」の問題を考えてみよう。互いに干渉し合うコミュニティではなく、開かれた自由さの中に新たなコミュニティをつくろうと、様々な試みがなされているようだが、そういう冷静で先進的な人間関係に抑圧がないかというと、決してそうではない。
最近では台所や風呂など共有できるところは他者と共有し、プライバシーは個室の中にとどめるという「シェア・ハウス」や、様々な職業の人々が空間やオフィス機能を共有しデスクを並べ合う「シェア・オフィス」などが登場しはじめて話題を呼んでいる。ここに動いている価値観は、まさに平衡と均衡に通じていく社会意識である。本来であれば他者をシャットアウトしたい「家」や「仕事場」に他者の存在を許容していく。それを可能にしているのは、偏差を持った「個」の部分を上手く抑制できる細やかな意識の共有である。突出観のないフラットな連帯とでも言うか。おかげで台所も風呂も、他者の使用を意識してきれいに掃除され管理されている。勿論、そういう関係は「洗練」と呼べなくはない。しかし、この暗黙のモラルの共有は微妙に息苦しい。

「ともだち」とは美しい言葉であって、これが抑圧の源であるとは誰も思わない。しかしこういう流れで考えてくると、価値共有の進んだコミュニティは目には見えない排他性を持ちうる。つまり「ともだち」化は「非ともだち」へのプレッシャーにもなりうるのだ。いじめとは攻撃されるターゲットとして対象化されることではなく「非ともだち」の結果、すなわち「ともだち」化のしわ寄せなのかもしれない。自由の行き着く先には常にそういう不安定さが潜んでいるように思う。

東日本大震災の折、アメリカ合衆国の日本援助活動の名前は「オペレーション・トモダチ」であったが、これは微妙に不気味でもあった。「トモダチ」というワッペンを付けて現れる人々は本当に「ともだち」なのか。大震災への支援は「ともだち」を強要しない国々や組織からの援助も多大であったわけで、そのあたりに実は深い感動もあった。結局は人も国も「関係性へのデリカシー」が今後は重要になっていくということなのだろう。

合衆国のある州では、ゲイたちが普通の老人ホームを拒否し、ゲイ専用の老人ホームの設立を主張しはじめているという。ゲイ同士の結婚が法律で認められたカリフォルニア州あたりでは、そういう個人的な情報をさらりと開示することでむしろ生きやすくなるようだ。ゲイであることをオープンにし、シェアする。結果として普通の人々から迫害されない、または普通の人々より彼らにとってはおしゃれで心地よい老後環境を手に入れることができる。ゲイではない人たちにとっては、微妙なプレッシャーであるが、それをオープンにしない社会では、ゲイたちは常にこの大きな抑圧と闘っていかなくてはならない。いずれにしても「オープンネス」と「シェアリング」に対する感受性が、今後の社会を住みやすくも住みにくくもするのだろう。

一方、高齢化社会が元気のない老人社会であるという先入観を、僕らは持つべきではない。確かに、体が弱り介護の必要な人々の割合は増えるであろうが、周りを見渡してみると、六十代や七十代の人々でも活動や能力において衰えを見せない人々が少なくない。千円札に載っている夏目漱石は四十五歳の時の肖像写真らしいが、今日の目で眺めると六十過ぎくらいの貫禄に見える。個人的な印象だが、明治や大正の頃と比べると、現在の人々は実年齢の三割方は若い。

蟻を観察すると、せっせと働き続ける蟻と、働かないでサボる蟻が一定の割合でいるらしい。その比率は忘れたが、働く蟻ばかりを集めても、サボる蟻ばかりを集めても、その集団における前者と後者の比率に差はなくなるという。これは興味深い話である。同じことが人間の社会でも言えるかもしれない。社会活動のできる人々を対象に考えてみた時、その集団の年齢構成がどうなろうと、世の中における「能動的な人」の割合は変わらないかもしれない。

要するに「能動性」の根拠を「若さ」や「年齢」に求めるのではなく、「購買力」や

「経験値」、「目利き」や「破格」などにおくと、これまでとは別の能動性や市場をこれからの社会に喚起できるのではないかと思うのである。

ロック・ミュージシャンのミック・ジャガーは六十八歳。年齢的には立派な老人だが、そういう認識ではとらえにくい。若さはすでにないが、多くの時間をロック・スターとして生き抜いてきたことで強烈な存在感が醸成されている。老齢化社会を考える時、いつも僕はこの人物を思い出し、ひとつの態度に回帰する。そこに平衡や均衡への配慮はない。あるのは超然とした大人のプリンシプルである。

北京から眺める

北京での個展が始まった。会場は天安門に近い「前門二十三號」という瀟洒な一画、旧アメリカ領事館の洋風建築を地下二階・地上二階の展示空間に仕立て直した「Beijing Center for the Arts」という施設である。白を基調としたモダンな展示空間は変化のある空間の連続性を持っており、四つのフロアを合わせて二〇〇〇平米を超える広さながらメリハリのある展示の流れをつくることができた。当初は人民大会堂などと同時期にできた、大時代的な建築の「中国美術館」での開催が決まりかけていたのだが、「別館」に相当するこの場所を下見して急遽方針を変更した。展覧会のイメージがこの空間で鮮明に湧いたからである。

中国でしっかりとした規模の展覧会を開催することはしばらく前からの夢であった。なぜならそこに大きなアジアの未来が凝縮しているように思われたからである。今日の中国はいわば世界の成長点である。中国の人口は日本の約十倍。したがって単純に考えれば鋭気あふれる若者の数も十倍いる。彼らは国の未来を嘱望され、世界各地に留学して先端的な科学や技術、経済やビジネス、そして建築やデザインを、母国の経済成長を追い風に、はち切れそうな意欲で学んでいる。いきおい、優秀な成績で卒業していく。そして、現地で数年の実務経験を積んだ後に次々と母国に帰って働きはじめているのだ。そういう若い才能たちが毎年毎年、何万人も世界中から中国に帰ってくる。外国語も堪能、先端機器の扱いにも習熟している。世界やビジネスを眺める目も冷静である。今日の中国のビジネスや文化をリードしているのは、こういう人たちなのである。

勿論、だからといって中国の勢いにあやかろうということではない。また、展覧会を機に日本のデザインの優位をアピールして中国市場に乗り出そうというような短絡的な発想でもない。まさにグローバルを経験しつつある中国であればこそ、むしろアジア文化の可能性に目覚めて、自分たちの足下を見直さなくてはいけない。資源は西洋の知ではなく、むしろアジアの知にあるのだということを再認識しなくてはならない。おそらくは異国での経験を積めば積むほど、その自覚は起きやすくなる。自分たちの文化の独自性が貴重に思えてくるはずなのである。だからおせっかいは承知の上で、そういうことを伝え、共有してみたいと考えたのである。

僕らはデザインを西洋から学んだ。民主国家の成立や産業革命による機械時代の創出など、西洋は近代文明のかたちを見出すと同時に、人間が暮らしの環境を作り上げていく道筋に合理性を機能させ、デザインやシンプルという概念を生み出した。科学技術の進歩や、外界環境形成に関わる理念の成熟については、西洋に一日の長がある。

日本は千数百年という歴史を持ちながらも、明治維新を契機に西洋文明を全面的に受け入れた。これは文化史的に見るとひとつの挫折であるが、そのおかげで、近代国家として西洋列強に侵食されない国として、すれすれの体裁を保つことができた。第二次大戦の敗戦に際しても、工業立国へと一点突破するかのごとく邁進することで、経済国として活路を見出すことができたのである。しかしながら、住まいにものが溢れ、海外を行き来する機会が増えるにつれ、自国の感受性を再認識しようという気運が高まってきた。明治に日本を置き忘れ、工業化によって風土を汚したといっても、そのままで済ますわけにはいかない。千年を超えて携えてきた文化は、そう簡単に捨て去れるものでも忘れ去られるものでもない。

建築家のブルーノ・タウトをして、すでに完成された建築があったと感涙させた桂離宮に限らず、日本の文化は美と誇りを携えていた。襖や障子のたたずまいは、空間の秩序のみならず、身体の秩序、すなわち障子の開け閉てや立ち居振る舞いという、躾けられた所作に呼応して出来上がってきたものだ。いかに美しく、そしてささやかなる矜持を持って世界に対峙し、居を営むかという精神性が建築の秩序と一対をなしている。この美意識を未来の住まいのかたちや観光のかたち、ホスピタリティのかたちへと活用していく構想については、本書で幾度となく触れてきた通りである。

経済がグローバル化すればするほど、つまり金融や投資の仕組み、ものづくりや流通の仕組みが世界規模で連動すればするほど、他方では文化の個別性や独創性への希求が持ち上がってくる。世界の文化は混ぜ合わされて無機質なグレーになり果てるのを嫌うのだ。これは「世界遺産」が注目されていく価値観と根が同じである。幸福や誇りはマネーとは違う位相にある。自国文化のオリジナリティと、それを未来に向けて磨き上げていく営みが、結果として幸福感や充足感と重なってくるのである。

シンガポールあたりから日本を見ると、新興富裕層の家から「冷泉家」を眺めているような気分になる。シンガポールという場所は、中東からインド、東南アジア、中国、台湾、韓国、日本、そしてオーストラリアまで、クールな態度でアジア・環太平洋を見渡すことのできる、見晴らしのいい場所である。だから金融の中心として発展し、大きな富がここに集中しはじめた。しかし歴史はわずか四十数年。人口の七五パーセント以上を中国人が占めるが、出自の中国語は広東語や福建語、客家《ハッカ》語など癖が強い方言なので、公用語として英語、標準中国語、マレー語、さらにタミル語の四言語を持っている。しかしいずれも特有の訛がある。富はあるが伝統文化はこれからだ。そういう場所から眺めると、ひとつの国の中で千数百年にわたって守られてきた伝統は、独特の輝きを放っているのだ。

今日、低成長の時代を迎えて、日本はようやく自らの歴史と伝統が、世界の文脈で価値を生み出す希有なソフト資源であることに気づきはじめている。そして、さらにいえば、アジア全体の活性によって、西洋文明が席巻してきた世界に、新たな文化フロンティアが形成されていく可能性をリアルに感じはじめてもいるのである。文明開化や高度成長という特殊な経験を経て、はじめて世界と自分たち独自の文化が相対化できる。その経験をメッセージに変えて、今日のアジアに伝えていきたい。経済的ポテンシャルを、自国の文化的ポテンシャルとともに開花させていく道筋を、まさにいま模索すべきであることを。

二〇〇三年に出した拙著『デザインのデザイン』でも、そのようなアジア文化の可能性について触れている。この書籍は、中国簡体語、繁体語、韓国語、そして英語と、比較的多くの言語に翻訳されたが、中国でも予想に反して多くの読者を得ることができた。デザインという概念が、消費をあおる道具やブランド管理のノウハウの一環ではなく、暮らしの本質や文化の誇りに覚醒していく営みであるという主張を、書籍の中では行ってきたわけだが、これに共感してくれる読者が意外と多いことに勇気づけられた。北京展への意欲は、そういうリアクションを背景としている。

展覧会はフロアごとに三つの章で構成されている。一つめは「デザインの諸相」、つまり自分の仕事の諸相、その広がりを具体的に展観するフロアである。アイデンティフィケーションから商品デザイン、空間デザインやポスター、ブックデザインなど、仕事は多岐にわたる。初期の実験的なポスターや、長野オリンピックの開・閉会式プログラム、愛知万博初期のアートディレクションなど、懐かしいものも含まれる。度合いは異なるが、いずれもクリエイティブの根底で日本を意識している仕事である。

二つめのフロアは、この十年ほどお手伝いしてきた「無印良品のアートディレクション」。簡素であることが時に豪華さにまさるという、日本固有の美意識を背景としたもの

「DESIGNING DESIGN　原研哉 二〇一一中国」展会場入口及び二階会場。
天安門の近く「前門二十三號」はアメリカ領事館の跡を現代アートの展示スペースとして改装したもの。

づくりの思想が、いかなる価値を世界に供給できるか、という事例として紹介している。製品は一点も陳列されないが、コミュニケーションのデザイン、すなわちタグ・ラベルのデザインシステム、ポスターや新聞・雑誌広告をたどることで、思想がどう咀嚼され表現されてきたかが伝えられると考えたのである。

三つめのフロアは「展覧会の展覧会」と題されるもので、企画を担当してきた五つの展覧会を、凝縮・再編して展観し直すものである。「RE DESIGN」、「HAPTIC」、「SENSE-WARE」などという標語を持ち出しては、日常へのまなざしや人間の五感の重要性、さらには新たな産業や創造領域の可能性を可視化して見せるようなことを自分は行ってきた。展覧会を通して、潜在するものを目に見えるように提示することもデザインの大事な役割である。ここではそれをひとまとめのメッセージにしてみた。

展覧会実現への道のりは三年がかりであったが、同館の館長である翁菱女史や、中国美術館のアートディレクターである朱鍔氏の熱意のおかげで、緻密な空間精度をもつ展示空間として完成させることができた。主催も政府の中国人民対外友好協会になったおかげで、デザインの領域を越えて多くの人々に見てもらうことができている。

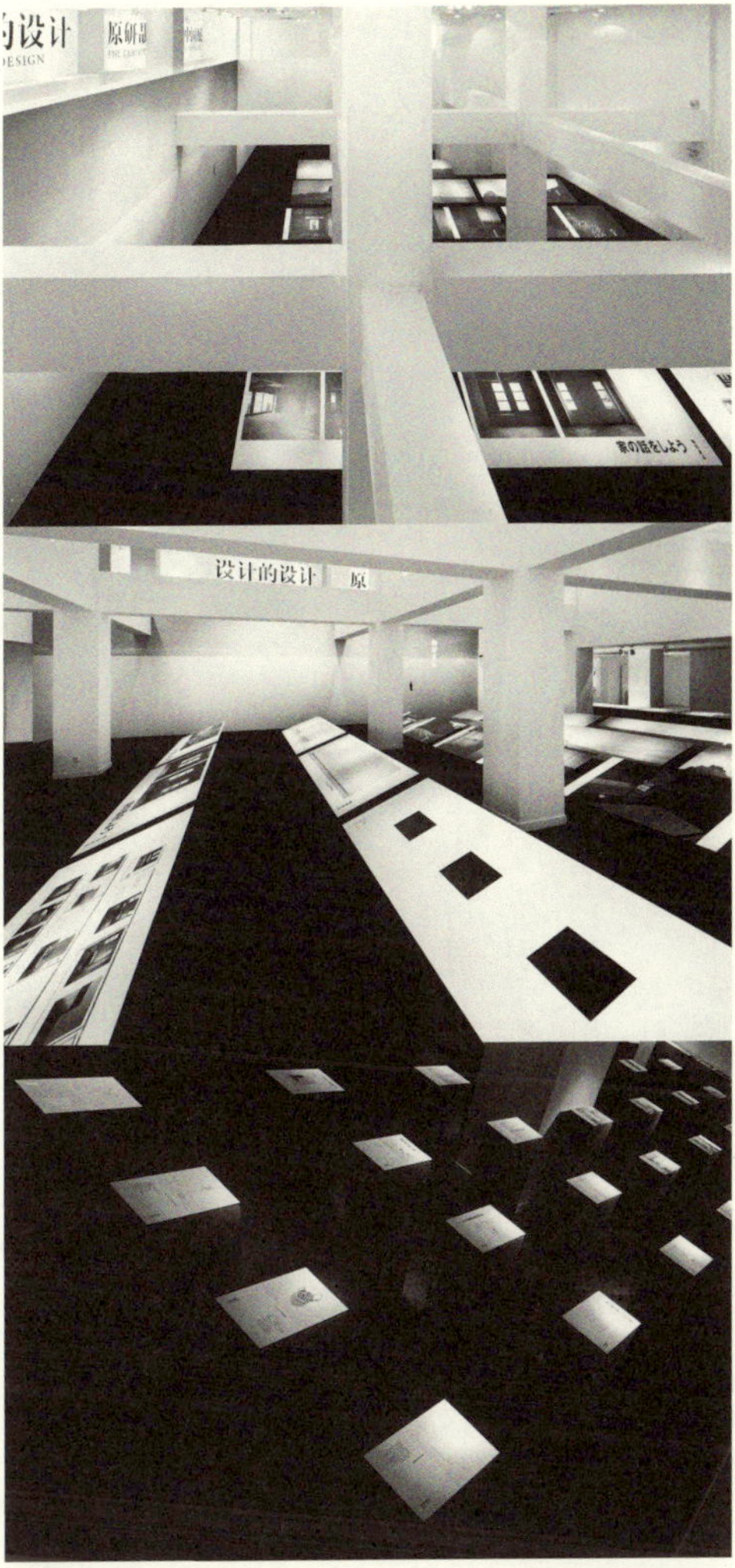

一階エントランスの吹き抜けから連絡する「無印良品のアートディレクション」の展示空間。緻密な造作が中国の技術者の手で精度よく作り込まれている。

レセプションの後の晩餐会には、政府関係者や教育関係者に交じって、香港や深圳《しんせん》、広州などから顔なじみのデザイナーたちが駆けつけてくれた。日本からも武蔵野美術大学の甲田洋二学長をはじめ、長年仕事でお世話になっている方々が出席してくれて、心の底に熱いものが幾筋も走る一夜となった。

展覧会は連日多くの来場者で賑わっている。清華大学や中央美術学院、北京デザインウイーク会場で開催された講演会も、聴衆の熱気であふれた。ある大学では講演会場を二度にわたって、より大きな施設へと変更した。それでも床までびっしりと学生たちで埋まった。アジアの文化を見つめ直そうというメッセージに対しては、大きな手応えを感じる。まさに開花していく未来文化の成長点に触れている気がするのだ。

伝統と未来を融合させていくプロジェクトもすでに動き出している。中国の伝統工芸として比類ない完成度を誇る磁器の産地である景徳鎮や、長江中流域の襄陽という古い町に隋の時代から続く禅寺で、新しいデザインプロジェクトが胎動を始めている。コラボレーションはすでに始まっているのである。

展覧会は今後、上海や広州、そして渤海に臨む秦皇島などへの巡回が予定されている。

地下二階の「展覧会の展覧会」会場風景。
プロジェクターを用いて、五つの展覧会を臨場感を持たせつつ再現している。

より深く広くアジアの人々と交流するとともに、自身のデザインの未来を問い直す旅がここから始まる。何かを力いっぱい遠くに投げるようなフォームで。

展示会場一階エントランスと展示台に並ぶ書籍

讲述设计本身就是另外一个设计
Verbalizing design is another act of design
研 哉
enya HARA
设计的诸相
2F
B1F
展览会的展览会
B2F
無印良品艺术指导
HAPTIC
HAPTIC

図版出典一覧

一五頁　『DREAM DESIGN No.11』(マガジンハウス 二〇〇三)

二三、二五、二七、二九頁
デザイン・プラットフォーム・ジャパン編、坂茂・原研哉企画編集
『JAPAN CAR　飽和した世界のためのデザイン』(朝日新聞出版 二〇〇九)

三一頁(上)　写真：吉田タイスケ

三一頁(下)　写真：服部真嗣(株式会社スタジオビッグ)

三六頁　前掲『JAPAN CAR　飽和した世界のためのデザイン』　制作：株式会社日立製作所

五四頁(上)　Gabriele Fahr-Becker ed., *The Art of East Asia*, Könemann, 1999. © Rheinisches Bildarchiv, Cologne

五四頁(下)　*The Art of East Asia*, op. cit. © Dr. G. Gerster / Agentur Anne Hamann, Munich

五九頁(上)　フローレンス・ド・ダンピエール著、野呂影勇監修、山田俊治監訳
『椅子の文化図鑑』(東洋書林 二〇〇九) Collection I. Goldsmith, Christie's

五九頁(下)　*Marcel Breuer Design*, Taschen, 2001. Designsammlung Ludewig, Berlin, Photo Lepkowski

六八頁　写真：上田義彦

一二〇頁(上)　石元泰博写真、丹下健三・グロピウス著『桂　KATSURA　日本建築における伝統と創造』(造型社 一九六〇)

一二〇頁(下)　石元泰博著『桂離宮』(六耀社 二〇一〇)

一五九頁　制作：株式会社日本デザインセンター

一九一、一九三―一九五、一九七―二〇一、二〇三、二〇四頁
写真：(作品)ヴォワル　(会場風景)ナカサ＆パートナーズ

二一七頁　制作：株式会社日本デザインセンター

二三三頁以降　写真：ナカサ＆パートナーズ

(著者自身の撮影・制作図版については略)

あとがき

本書は『図書』に二〇〇九年九月より二年間連載した「欲望のエデュケーション」をまとめたものである。連載は無理だと思っていたが、始めてみると不思議なことに、曲がりなりにも生活のリズムになった。

世の中の些末で面倒な事柄ばかりを引き受けるのがデザイナーの役割であるから、その日常は多数の玉を空中に放り投げる「ジャグラー」の曲芸のようにせわしない。手に持っているボールはふたつだけだが、投げあげられている玉の数は幾つあるのか分からない。一度プロジェクトを数えかけたことがあるが途中で気持ち悪くなりやめた。忙しいという言葉は禁句である。高く放りあげた仕事はひとたび雲の向こうに消えていくので再び落下してくるまでは忘れていた方がいい。その方がそれを手にする時の鮮度感がいい。

連載はそんなジャグリングの最中にやるわけである。情景的に言うと、玉を投げる合間にお握りを握るような格好になる。玉を落とさず、連続的に投げあげながら、隙を見てお握りを握る。うっかりご飯粒をつけたまま、投げあげてしまった玉もあるかもしれず、お握りのかたちも当然いびつであるが、なんとか玉を落とさず、二十四個のお握りを完成させることができた。

結果としてこれらは「岩波新書」という弁当箱に詰められて世に供せられることとなった。権威ある岩波新書に「欲望のエデュケーション」という怪しいタイトルは採用されず、当初は「デザイン立国」にしてはどうかと勧められた。いびつに並んだお握りを眺めつつ、ここからその書名を導き出す創造的な読解力に恐れ入った。確かに僕は、日本という国の未来ヴィジョンについて書いてきたのだ。「欲望のエデュケーション」などという、持って回った言い方よりも「デザイン立国」の方が断然明快だ。しかし、この竹を割ったようにすっぱりとしたタイトルに、僕は逡巡を覚えるようになった。たぶん「立国」という、颯爽とした構え方について少し気後れを感じたからだろう。

結果として「日本のデザイン」という表題が、二十四個のお握りを包む竹の皮包みに貼られることとなった。「美意識がつくる未来」という副題は、この本が古い伝統文化について語られた本ではないことを示す成分表示のようなものだ。これまで上梓してきた本は、真剣に書いたものほど自分が考えた書名が通らず、編集者の助言を大幅に反映したものとなっている。先の単行本『デザインのデザイン』も、自分では『なぜデザインなのか』というタイトルを考えていたが、編集者から「これがデザインです」という堂々とした感じにしてくださいと言われてこうなった。

本書『日本のデザイン』は『デザインのデザイン』と呼応する一冊になるが、こちらは近未来の自分の活動地図のようなものでもある。これを携えてしばらくは歩いていくことになると思うが、包みを解いて、いびつなお握りを食していただいた後味はいかがなものであろうか。梅、鮭、昆布、いくら、そしておかずにだし巻きたまごを少々添える程度のベーシックなレシピであるが、不調法な点があれば、どうかご指導いただきたい。

叱咤激励してこの連載を勧めてくれた岩波書店編集部の坂本政謙さん、ありがとうございました。おかげで頭が少し整理できました。毎月ぴしりと校閲をいただき安心して筆を進めることを助けていただいた『図書』編集長の富田武子さん、大きな支えを得て二年間の連載を完了することができました。そして「デザイン立国」という明快なタイトル案で目を覚まさせてくれ、出版へ向けてのろまな水牛のお尻を叩き続けてくれた岩波新書の古川義子さん、おかげで前に踏み出すことができました。皆様に改めてお礼を申し上げたい。

また、果てしない仕事の宇宙に棲息する日本デザインセンター原デザイン研究所の面々にも、この場を借りてお礼を申し述べておきたい。あなた方と仕事ができているおかげで、常に思考を前へと向かわせることができる。特に、バランスの悪いボスの不始末を大きな心で受けとめてくれる井上幸恵と、書籍制作については常に最後まで細かく気を配ってくれる松野薫の篤実な仕事に感謝したい。

最後に『図書』を唯一の定期購読誌として三十年近くとり続けている愚妻にも感謝したい。その雑誌に僕も書いているということがひそやかな励みになった。

二〇一一年九月

原研哉

原 研哉

1958年生まれ．デザイナー．日本デザインセンター代表．武蔵野美術大学教授．「RE DESIGN」や「HAPTIC」など，独自の視点で企画した展覧会を通して日常や人間の諸感覚に潜むデザインの可能性を提起．長野五輪の開・閉会式プログラム，愛知万博公式ポスターをデザイン．2002年より無印良品のアドバイザリーボードメンバー．東京ADC賞グランプリ，毎日デザイン賞，亀倉雄策賞，原弘賞，世界インダストリアルデザイン・ビエンナーレ大賞など内外で受賞多数．外務省「JAPAN HOUSE」事業では，総合プロデューサーを務めた．近年は，独自の視点から日本各地を探訪し紹介するプロジェクト「低空飛行」を通して，日本の未来資源を示唆する仕事に注力している．著書『デザインのデザイン』(岩波書店，サントリー学芸賞)，『白』(中央公論新社)は多言語に翻訳されている．

日本のデザイン
——美意識がつくる未来　　岩波新書(新赤版)1333

2011年10月20日　第1刷発行
2024年6月25日　第17刷発行

著　者　原《はら》 研《けん》 哉《や》

発行者　坂本政謙

発行所　株式会社 岩波書店
〒101-8002 東京都千代田区一ツ橋2-5-5
案内 03-5210-4000　営業部 03-5210-4111
https://www.iwanami.co.jp/

新書編集部 03-5210-4054
https://www.iwanami.co.jp/sin/

印刷・精興社　カバー・半七印刷　製本・中永製本

ISBN 978-4-00-431333-5　　Printed in Japan

岩波新書新赤版一〇〇〇点に際して

ひとつの時代が終わったと言われて久しい。だが、その先にいかなる時代を展望するのか、私たちはその輪郭すら描きえていない。二〇世紀から持ち越した課題の多くは、未だ解決の緒を見つけることのできないままであり、二一世紀が新たに招きよせた問題も少なくない。グローバル資本主義の浸透、憎悪の連鎖、暴力の応酬——世界は混沌として深い不安の只中にある。

現代社会においては変化が常態となり、速さと新しさに絶対的な価値が与えられた。消費社会の深化と情報技術の革命は、種々の境界を無くし、人々の生活やコミュニケーションの様式を根底から変容させてきた。ライフスタイルは多様化し、一面では個人の生き方をそれぞれが選びとる時代が始まっている。同時に、新たな格差が生まれ、様々な次元での亀裂や分断が深まっている。社会や歴史に対する意識が揺らぎ、普遍的な理念に対する根本的な懐疑や、現実を変えることへの無力感がひそかに根を張りつつある。そして生きることに誰もが困難を覚える時代が到来している。

しかし、日常生活のそれぞれの場で、自由と民主主義を獲得し実践することを通じて、私たち自身がそうした閉塞を乗り超え、希望の時代の幕開けを告げてゆくことは不可能ではあるまい。そのために、いま求められていること——それは、個と個の間で開かれた対話を積み重ねながら、人間らしく生きることの条件について一人ひとりが粘り強く思考することではないか。その営みの糧となるものが、教養に外ならないと私たちは考える。歴史とは何か、よく生きるとはいかなることか、世界そして人間はどこへ向かうべきなのか——こうした根源的な問いとの格闘が、文化と知の厚みを作り出し、個人と社会を支える基盤としての教養となった。まさにそのような教養への道案内こそ、岩波新書が創刊以来、追求してきたことである。

岩波新書は、日中戦争下の一九三八年一一月に赤版として創刊された。創刊の辞は、道義の精神に則らない日本の行動を憂慮し、批判的精神と良心的行動の欠如を戒めつつ、現代人の現代的教養を刊行の目的とする、と謳っている。以後、青版、黄版、新赤版と装いを改めながら、合計二五〇〇点余りを世に問うてきた。そして、いままた新赤版が一〇〇〇点を迎えたのを機に、人間の理性と良心への信頼を再確認し、それに裏打ちされた文化を培っていく決意を込めて、新しい装丁のもとに再出発したいと思う。一冊一冊から吹き出す新風が一人でも多くの読者の許に届くこと、そして希望ある時代への想像力を豊かにかき立てることを切に願う。

（二〇〇六年四月）